Herderbücherei INITIATIVE Band 63

Der asketische Imperativ

Strategien der Selbstbeherrschung

Herausgegeben von
Gerd-Klaus Kaltenbrunner

Herderbücherei INITIATIVE

Diese vierteljährlich erscheinende Taschenbuch-Zeitschrift
kostet im Einzelverkauf 12,90 DM,
im Abonnement 10,90 DM zuzüglich Versandspesen
(Preisstand vom 1. Oktober 1982).
Eine entsprechende Preisvergünstigung für Abonnenten
bleibt auch für den Fall garantiert, daß der Verlag infolge allgemeiner
wirtschaftlicher Verhältnisse gezwungen ist,
den Listenpreis der Serie zu überprüfen.
Abonnementsbestellungen nimmt jede Buchhandlung entgegen.

Originalausgabe
erstmals veröffentlicht als Herder-Taschenbuch
Alle Rechte vorbehalten – Printed in Germany
© Herder München 1985
Verlag Herder Freiburg · Basel · Wien
Herstellung: Freiburger Graphische Betriebe 1985
ISBN 3-451-09563-7

Inhalt

Vorwort des Herausgebers   7

RICHARD HUBER
Der Neinsagenkönner
Großhirnrinde und Moral   31

FRANZ VONESSEN
Vom Sinn der Askese   52

RANGANATHA RAMACHANDRA DIWAKAR
Askese in indischer Sicht
Einleitende Erwägungen   73

OSKAR KÖHLER
Die Tugenden der Mönche   89

ERIKA LORENZ
Das grüne Holz der Askese in Spaniens christlicher
Mystik   94

SIEGFRIED RUDOLF DUNDE
Selbstverwirklichung ohne Selbstbeherrschung?   111

FRANK ARMBRUSTER
Wonnen der Qualen
Sport und Askese   119

JOSEPH F. SCHMUCKER-VON KOCH
Vom falschen Leben in Freiheit 132

DOKUMENTATION

Gertrud Fussenegger, Ein Brief zur Sache 148
Herbert Gruhl, Askese? Vernunft und
   Bescheidenheit würden schon genügen... 155

Weiterführende Literatur 166

Notizen über die Autoren 179

Herderbücherei INITIATIVE – Echo 182

Autoren, die seit 1974 in der INITIATIVE zu Wort
   gekommen sind 186

Vorwort des Herausgebers

Das Wort *Askese* hat einen düsteren Klang. Die meisten denken dabei an rigorose Weltflucht, Lebensverneinung, Selbstquälerei, Kasteiung bis zum Verzicht auf die primitivsten Annehmlichkeiten menschlichen Lebens.
Die Geschichte des frühen, auch noch des mittelalterlichen Christentums weist Beispiele äußersten Asketentums auf, die dazu geführt haben, daß das Wort und die damit bezeichnete Lebensform weitestgehend in Verruf geraten sind. Die ägyptischen Wüstenväter; die Einsiedler und Säulenheiligen; die Flagellanten- oder Selbstgeißlerbewegungen; die altrussischen Höhlenklöster; die Sekten der Skopzen und Chlysten, die durch grausame Selbstzüchtigung und Verstümmelung bis zur Kastration die Schuld der Erbsünde zu sühnen trachteten; die zusätzlich zu den üblichen drei mönchischen Gelübden der Keuschheit, Armut und des Gehorsams ein strenges Schweigegebot einhaltenden Trappisten; die erniedrigenden Bußübungen, von denen manche Heiligenlebensbeschreibungen berichten – all dies gehört zweifellos *auch* zur Geschichte der Askese. Innerhalb wie am Rande und außerhalb des kirchlichen Christentums wurden durch mehr als ein Jahrtausend Praktiken der Entsagung, des Verzichts, der Selbstdemütigung von ungezählten Männern und Frauen freiwillig vollzogen, um auf diese Weise Christus nachzufolgen. Es gibt Beispiele methodischen Asketentums, die man nur mit Schaudern

zur Kenntnis nehmen kann. Christen, auch kirchlich gebundene Theologen, pflegen über diese Orgien menschlicher Selbstzucht und Selbstzüchtigung schon seit langem zu schweigen. Nicht nur zögern sie, solche Fälle religiös motivierter Selbstüberwindung bis zur Selbstabtötung als Vorbilder christlichen Wandels hinzustellen; sie schämen sich ihrer sogar, empfinden sie als weit größere Peinlichkeit denn die mittelalterlichen Kreuzzüge und Ketzerverfolgungen. In einer Welt, in der bereits der „normale" Zölibat des Priesters von manchen römisch-katholischen Theologen als finsteres Überbleibsel klerikaler Weltfeindschaft, als Einschränkung der Menschenwürde angesehen wird, ist mit einem Verständnis oder gar einer Billigung weit unerbittlicherer asketischer Maßnahmen nicht zu rechnen.

Ich erwähne einige Beispiele vielfach legendärer Art, die ich überwiegend dem auf umfassenden Quellenstudien beruhenden Werk „Die christliche Mystik" von Joseph Görres entnehme, einem Opus, von dem ein dem Christentum ablehnend gegenüberstehender Philosoph, Ludwig Klages, bewundernd gesagt hat, daß ihm „aus dem ganzen katholischen Schrifttum an Großartigkeit und Tiefe allenfalls nur noch die Dichtung Dantes an die Seite zu stellen wäre."

Der Abt Elpidius pflegte fünfundzwanzig Jahre lang nur am Samstag und Sonntag zu essen und war schließlich so ausgemergelt, daß man alle Gebeine durch die Haut hindurch sehen und zählen konnte.

Ein Einsiedler namens Johannes verließ vierzig Jahre lang nicht seine enge Zelle.

Der heilige Makarios brockte das karge Brot, das ihm zugeteilt wurde, in ein Gefäß mit engem Hals und aß nur so viel, als er mit einem Griff daraus hervorziehen konnte. Vierzig Tage lang im Winkel seines Klosters stehend und ununterbrochen schweigend, flocht er Palmblätter, nur sonntags sich einige rohe Kohlblätter gönnend und den Ort bloß zur Verrichtung der Defäkation und des Urinierens kurzfristig verlassend.

Der portugiesische Heilige Johannes von Gott, Gründer

des Ordens der Barmherzigen Brüder, geboren 1495, gestorben 1550, spielte, um für seine Sünden zu büßen, eine Zeitlang den Toren und wurde deshalb in ein Irrenhaus eingeliefert, wo er furchtbare Mißhandlungen erlitt. Als er ein Hospital errichtete, schleppte er selber die Kranken herbei und brach oft unter der Last zusammen. Tag und Nacht sorgte er rastlos für seine Pflegebefohlenen. Kein Undank, keine Beleidigung, keine Schmach vermochte seinen Eifer zu dämmen.

Johannes vom Kreuz, der spanische Mystiker des sechzehnten Jahrhunderts, lehrt ausdrücklich die totale Abtötung aller Genüsse, die nicht unmittelbar der Ehre Gottes dienen: „Macht es dir zum Beispiel Freude, etwas zu hören, woran die Ehre Gottes keinen Anteil hat, so verzichte auf diese Freude und ertöte in dir den Wunsch zuzuhören. Findest du Vergnügen daran, etwas zu sehen, was deinen Geist nicht zu Gott erhebt, so versage dir dies Vergnügen und wende die Augen ab. Und ebenso verhalte dich in allen anderen Dingen. Das Hauptheilmittel liegt in der Ertötung der vier großen Leidenschaften: der Freude, der Hoffnung, der Furcht und der Sorge. Du mußt suchen, sie soviel als möglich zu unterdrücken, sie völlig unbeachtet zu lassen. Richte deshalb deine Seele immer nicht auf das Leichteste, sondern auf das Schwerste; nicht auf das Erfreuliche, sondern auf das Widerwärtige; nicht auf das Angenehme, sondern auf das Unangenehme; nicht auf das Tröstliche, sondern auf das Trostlose; nicht auf die Ruhe, sondern auf die Mühsal; nicht auf den Wunsch nach mehr, sondern auf den Wunsch nach weniger... Verachte dich selbst und wünsche, daß andere dich auch verachten... Um alles zu sein, sei bereit nichts zu sein."

Auch bei von der Kirche als Heilige oder Selige verehrten Männern und Frauen, die im allgemeinen als eher maßvolle und milde Nachfolger Christi gelten, finden wir asketische Züge, die heute eher Verwunderung, ja Erschrecken als den Willen zur Nacheiferung erregen. Als der junge Benedikt in seiner eremitischen Verborgenheit von erotischen Traumbildern umgaukelt wurde, zog er sein härenes Gewand aus und warf sich nackt in ein dichtes Brennessel- und Dornengestrüpp, bis sein zerstochener Leib blutete. Auf diese grausame Weise vermochte er, wie er später seinen Jüngern erzählte, alle sinnlichen Gelüste für immer zu ersticken.

Franz von Assisi küßte die stinkenden Geschwüre von Aussätzingen, benahm sich immer wieder wie ein blöder Narr, verachtete das Geld wie Kot, aß unappetitliche Speisereste, als seien sie das köstlichste Mahl, und erlitt am Ende eine Stigmatisation. Den Tod begrüßte er als „Bruder".

Von dem byzantinischen Heiligen Symeon dem Styliten wird berichtet: Um seine sündhafte Natur zu bändigen, schnürte er ein Brunnenseil mit solcher Kraft um die Hüften, daß der rauhe Strick die Weichteile durchschnitt und so tief in sein vereiterndes Fleisch eindrang, daß er mit ihm eine einzige Masse bildete. Eine Zeitlang lebte er in einer versiegten Zisterne, auf deren Boden es von Kröten, Schlangen und Ungeziefer wimmelte. Schließlich verbrachte er seine letzten siebenunddreißig Jahre auf einer mit einer kleinen Plattform gekrönten Säule, ungeschützt vor Sonne und Regen, Hitze und Sturm, Hagel und Blitz.

Im Zusammenhang mit diesen frühchristlichen Bußübungen muß auch der *Karzer* erwähnt werden, in den sich der Pönitent freiwillig begibt, um daselbst daran erinnert zu werden, daß der sündhafte Leib ein weit ärgeres Gefängnis sei als die furchtbarste Schinderhütte. Manche Insassen dieses mönchischen Strafhauses verbringen ganze Nächte stehenden Fußes, wie ja überhaupt seit jeher alle extremen Formen christlicher Askese dem Schlafbedürfnis den Krieg erklärt haben – eingedenk des Wortes Jesu im Garten Gethsemane: „Was schlaft ihr? Steht auf und betet, damit ihr nicht in Versuchung fallet!" Andere müssen wie Sträflinge aus Bast Körbe flechten. Wieder andere haben die Hände auf den Rücken gebunden, sitzen auf glühendem Pflaster in Sack und Asche, schlagen ihre Stirnen gegen den harten Boden, zerfleischen ihre Brust oder jammern wie

Klageweiber bei einem Begräbnis. Das Fasten versteht sich von selbst. Mönch sein bedeutet, die Agonie des Gekreuzigten mitzuerleiden.

Heinrich Seuse (Suso), geboren 1295 in Konstanz, gestorben 1366 in Ulm, Mystiker, Dominikanermönch und religiöser Schriftsteller, erzählt in seiner Autobiographie, wie er jahrzehntelang durch strengste Kasteiung um völlige Gottergebenheit rang. Ritterlichem Geschlechte entstammend und von lebhaftem Naturell suchte er durch „List und Buße" seinen ungebärdigen Leib dem Geiste zu unterwerfen. Ein härenes Hemd und eine eiserne Kette trug er so lange, bis das Blut von ihm troff. Darauf ließ er sich ein Unterkleid anfertigen, auf dessen Innenseite Riemen mit insgesamt anderthalbhundert spitzigen Messingnägeln befestigt waren. Darin schlief er im Winter wie im Sommer. Dann machte er sich ein schweres Kreuz aus Holze, in das dreißig Nägel mit vorstehenden Spitzen eingeschlagen waren; acht Jahre lang trug er dieses Marterinstrument auf dem bloßen Rücken. Oft geißelte er sich auch. Von äußerster Enthaltsamkeit nicht nur beim Essen, sondern auch beim Trinken, suchte er manchmal den unerträglich werdenden Durst dadurch zu lindern, daß er, wenn zum Abendgebet das Weihwasser mit dem Sprengwedel verspritzt wurde, die ausgedörrten Lippen öffnete, um wenigstens einige Tropfen zu erhaschen.

Oft wurde er von Läusen und anderem Ungeziefer geplagt, weil er sich auch der elementarsten hygienischen Gepflogenheiten enthielt. Suso wand sich dann qualvoll wie ein getretener Wurm oder als läge er auf einem Ameisenhaufen. So weit die Beispiele aus Görres' „Christlicher Mystik" und Hugo Balls „Byzantinischem Christentum", die keineswegs die ärgsten sind. Manche sind von solcher Grausamkeit und würden im historisch wenig vorgebildeten Leser so starken Widerwillen, Ekel und Abscheu hervorrufen, daß ich von weiteren Proben christlicher Askese absehe.

Es ist keine Frage, daß diese extremen Formen christlichen Asketentums die Askese als solche diskreditiert haben. Sie wirken seit langem schon auch auf die meisten Christen fremd, unheimlich und abstoßend, wenn sie überhaupt davon Kenntnis haben.

Das Problem, ob die eben erwähnten Erscheinungen überhaupt dem ursprünglichen Geist des Christentums, der Botschaft Jesu und den Tugendidealen des christlichen Mönchtums entsprechen, wird in anderen Beiträgen dieses Bandes (Oskar Köhler, Erika Lorenz, Franz Vonessen) näher behandelt. Es ist zwar heute üblich, die nichtasketischen Züge in Lehre und Leben des Heilands zu betonen, etwa daran zu erinnern, daß manche seiner Gegner ihn einen „Schlemmer, Trinker und Freund der Zöllner und Sünder" (Matth 11,19) nannten und daß er selbst seine Jünger vom Fastengebot befreite, zumindest für die Zeit, in der „sie den Bräutigam bei sich haben" (Mark 2,19). Doch ebenso unüberhörbar ist „der asketische Klang in der urchristlichen Botschaft", dem der evangelische Theologe Adolf Köberle vor Jahren einen eigenen Essay gewidmet hat. Von Weltmüdigkeit und Sinnenfeindschaft finden sich zwar im Evangelium kaum irgendwelche Spuren. Aber derjenige hat kein Organ für das Christentum, der nicht imstande ist, aus Herrenworten wie diesen eine unmißverständliche Aufforderung zur Askese herauszuhören:
„Ihr sollt nicht Gold noch Silber noch Erz in euren Gürteln haben, auch keine Tasche zur Wegfahrt, auch nicht zwei Röcke, keine Schuhe und keinen Stab." (Matth 10,10) – „Habet acht, daß ihr eure Herzen nicht mit Schwelgerei und Trunkenheit und irdischen Sorgen beschwert und daß jener Tag (der Tag der Wiederkunft Christi zum Jüngsten Gericht) nicht unversehens über euch komme." (Luk 21,34) – „Jeder, der eine Frau lüstern ansieht, hat in seinem Herzen schon Ehebruch mit ihr begangen. Wenn also dein rechtes Auge dir zum Ärgernis wird, so reiß es aus und wirf es von dir. Denn es ist besser für dich, eines deiner Glieder geht verloren, als daß dein ganzer Leib in die Hölle geworfen wird." (Matth 5,29f.) – „Wer nicht allem entsagt, was er hat, der kann nicht mein Jünger sein." (Luk 14,33) – „Wer

sein Leben zu gewinnen versucht, wird es verlieren; wer dagegen sein Leben um meinetwillen verliert, wird es gewinnen." (Matth 10,39)

Wenn man sich diese kategorischen Aussagen vergegenwärtigt, fällt es schwer, in puncto Askese einen abgrundtiefen Gegensatz zwischen Jesus und Paulus zu unterstellen. Bei diesem finden sich deutliche Anspielungen auf die bei den Griechen üblichen Enthaltsamkeitsübungen vor sportlichen Wettkämpfen, auf den Geist kriegerischer Askese und Disziplin und ebenso auf die in den antiken Myterienkulten praktizierten asketischen Riten: „Jeder Wettkämpfer übt in allem Enthaltsamkeit. Jene tun es, um einen vergänglichen, wir aber, um einen unvergänglichen Siegeskranz zu gewinnen. So härte ich meinen Leib ab und mache ihn mir dienstbar, damit ich nicht etwa anderen predige und selber versage." (1 Korinther 9,25–27) – „Die Christus angehören, haben ihr Fleisch mit seinen Lüsten und Begierden ans Kreuz geschlagen. Leben wir im Geiste, so laßt uns auch im Geiste wandeln." (Galater 5,24f.)

Trotz dieses asketischen Grundzuges, der unverkennbar das Neue Testament durchwaltet, gehen weder Jesus noch Paulus so weit, Entsagung, Verzicht, Enthaltsamkeit um jeden Preis oder bis zur totalen Verneinung des Leibes zu fordern. Daß der menschliche Leib „ein Tempel des Heiligen Geistes" ist, der in uns wohnt (1 Korinther 6,19), das hat Paulus gesagt. Ein Platoniker, ein Gnostiker, ein Manichäer wäre dazu nicht imstande gewesen. Und neben den harten, unerbittlichen, ja rücksichtslosen Worten Christi, die zu strenger Entscheidung auffordern, stehen wieder andere, die milder, barmherziger, um nicht zu sagen: zärtlicher klingen: „Meine Last ist leicht und meine Bürde süß" (Matth 11,30). Er sagt auch: „Jeder nehme *sein* Kreuz auf sich" (Matth 10,38); nicht aber verlangte er: „Jeder nehme *mein* Kreuz auf sich."

Der asketische Klang gehört zum unverkürzten Christentum. Aber er ist nicht das ganze Christentum, nicht der Vollklang und auch nicht das erste Wort des Evangeliums.

Vorrangig ist die Botschaft von der in Jesus sichtbar und leibhaftig gewordenen verzeihenden Liebe Gottes, die größer ist als unser menschliches Herz.

Das authentische Christentum kennt keine Rechtfertigung des Sünders vor Gott durch Askese. Undenkbar ist in seiner Sicht der buddhistische Gedanke einer Selbsterlösung vermittels asketischer Praxis. Legenden aus dem Bereich der Ostkirche warnen vor übertriebener Askese, vor allem aber melden sie wesentliche Vorbehalte gegenüber asketischem Stolz und asketischem Virtuosentum an.

Eine davon, einer altrussischen Chronik entnommen, erzählt von einem Kaufmann namens Isaakij, der sein Hab und Gut an die Armen verteilte und zum Kloster des heiligen Antonij nach Kiew kam, um dort als Mönch zu leben. Antonij nahm ihn auf und legte ihm die übliche monastische Gewandung an. Doch Isaakij war das ohnehin bescheiden geartete Mönchskleid nicht dürftig genug. Er zog sich in asketischem Übereifer ein härenes Gewand an und darüber noch ein feuchtes Ziegenfell, das, nachdem es getrocknet war, das härene Hemd an seinen Leib preßte und ihn dadurch beengte. Hierauf verschloß sich Isaakij in einer Höhle, die viermal kleiner war als das Loch, in dem Antonij hauste. Er begnügte sich mit einem Kommunionbrötchen an jedem zweiten Tag als Nahrung, etwas Wasser als Trank, schlief nur kurz im Sitzen, und dies alles sieben Jahre lang. Aufgrund solcher asketischer Höchstleistungen wähnte er sich genügend vorbereitet zum Empfang göttlicher Visionen. Als er einmal in dunkler Nacht Gebete sang, „erstrahlte plötzlich Licht so hell wie die Sonne, so daß er geblendet wurde. Zwei schöne Jünglinge traten an ihn heran und sagten: ‚Isaakij, wir sind Engel, und da kommt Christus zu dir; verbeuge dich vor ihm bis zur Erde.' Isaakij aber erkannte nicht, daß es sich um Teufelstrug handelte, und vergaß, sich zu bekreuzigen." Kaum hatte er sich vor dem vorgeblichen Christus, der in Wirklichkeit der Antichrist persönlich war, tief verbeugt, als der auf sein Asketentum stolze und auf himmlische Erleuchtungen lüsterne Mönch der Macht des

Teufels verfiel. Seine Zelle wurde voll von Höllengeistern, die mit mißtönenden Musikinstrumenten aufspielten und Isaakij dadurch zum Gespött machten, daß sie ihn zu tanzen zwangen, bis er halbtot am Boden lag.

Die Moral der Geschichte ist unmißverständlich: Mönche, die ihre Taten und Entbehrungen nicht Gott, dem Urheber alles Guten, zuschreiben, sondern dem eigenen Willen, der eigenen Kraft, der eigenen Einsicht, werden von Gott verlassen und dem Teufel überantwortet. Der auf seine asketische Meisterschaft stolze Mönch verliert den Schutz des Himmels und der guten Engel und fällt in die Gewalt Satans. Nur im Zusammenhang mit Glaube, Demut, Liebe und Frömmigkeit, bis hin zum Brauch, sich zu bekreuzigen, ist Askese heilsam und Gott wohlgefällig.

Erfreulicherweise wurde jedoch der hochmütige Isaakij gerettet. Zwar führte er, nachdem er von der Lähmung infolge des ihm zugefügten Höllentorts geheilt worden war, ein hartes Leben, doch in anderer Weise als zuvor. Er verschloß sich nicht mehr in einer Zelle, sondern gliederte sich einer Mönchsgemeinschaft ein, arbeitete in der Küche, mischte sich gelegentlich auch unter die Bürger und Fremden der Stadt Kiew, um sie mit seinen Späßen zu unterhalten. Er gehört damit zu den frühesten *jurodivye*, jenen „Narren in Christo", von denen der Slawist Dmitrij Tschizewskij sagt, daß sie zu gewissen Zeiten der russischen Geschichte vielleicht die einzigen geistig freien Menschen waren. Vor allem aber besuchte Isaakij regelmäßig den Gottesdienst, und das heißt, daß er nicht mehr glaubte, Sakramente, Liturgie und Kult seien bloß für die „einfachen", die Durchschnittschristen vonnöten, für den asketischen „Übermenschen" hingegen überflüssig. Weil er nunmehr seinen Hochmut abgelegt hatte, wurden ihm alsbald viele Gnadengaben zuteil. Er konnte, so berichtet die Chronik, Feuer mit bloßen Füßen zertreten und wilde Vögel mit eigener Hand ergreifen und umgehend zähmen; insbesondere aber verfügte er über die ihm von Gott geschenkte Fähigkeit, zwischen den Geistern zu unterscheiden. Isaakij hatte keine

Angst mehr vor Teufel und Dämonen, die ihm bald als böse und häßliche Menschen, bald als Raubtiere, bald als Ottern und Kröten erschienen, nicht aber in der angemaßten Gestalt Christi und seiner Engel. Sie mußten zähneknirschend bekennen: „Du hast uns besiegt, Isaakij", aber der geheilte Asket antwortete ihnen: „Ihr habt mich zunächst besiegt in der Gestalt Christi und der Engel, als ich dieses Gesichts unwürdig war, und jetzt sehe ich euch in eurer wahren Gestalt als wilde Tiere, Vieh und Schlangen." So endete das Leben Isaakijs doch mit seinem Sieg über den Teufel.

Diese fromme Legende erinnert daran, daß ein Christentum ohne Askese nicht ernst genommen zu werden verdient. Sie führt aber noch eindringlicher vor Augen, daß ein Asket nicht von vornherein ein guter, ein Gott wohlgefälliger und den Mitmenschen angenehmer Mensch ist. Es gibt gnadenlose, grausame, sadistische Asketen. Dostojewskijs Großinquisitor hat eine hagere, ausgemergelte Gestalt wie eine Heiligenfigur auf einer Ikone. Robespierre und Lenin verkörperten den Typus des politischen Fanatikers, der in seinem persönlichen Lebensstil asketischer Bedürfnislosigkeit huldigt. Hitler war Abstinenzler. Satan ist in der volkstümlichen Legende von asketischer Schlankheit. Er lebt zölibatär. Die Genüsse dieser Welt bedeuten ihm nichts. Leicht verzichtet er auf sie. In Solowjews „Kurzer Erzählung vom Antichrist" erscheint der endzeitliche Widersacher als ökumenisch gesinnter Asket mit scheinbar philanthropischen Neigungen.

Die erwähnten Beispiele mögen genügen, um klarzumachen, daß zwar keine Religion, kein Ethos, keine Kultur ohne asketische Disziplin – wie immer diese konkret beschaffen sein mag – bestehen kann, daß aber noch so eifrig befolgte Askese allein weder religiös noch ethisch noch kulturell günstige Ergebnisse zeitigt.

Insofern, um Wladimir Solowjew zu zitieren, „das Prinzip des wahren Asketismus ein Prinzip der geistigen Selbsterhaltung ist", gehört es zu den Grundlagen jeder Ethik. Keine Tugend kann sich dauernd bewähren, wenn sie nicht durch asketische Zucht abgestützt wird. Dies gilt nicht nur für Tapferkeit, Weisheit, Gerechtigkeit, sondern auch für Menschenfreundlichkeit, Güte und Mitleid, wenn diese nicht bloße Schwäche, Nachgiebigkeit oder vereinzelte Aufwallungen sein sollen. Hier treffen die Verse Friedrich Georg Jüngers zu:

> *Güte ist das Kleinod*
> *Des Härtesten.*
> *Nimm dies Wort von mir an:*
> *Traue den Weichen nicht.*

Selbstbeherrschung, Bändigung und Disziplinierung der „rohen" Natur, Sublimierung und die Fähigkeit, sich ganz oder vorübergehend gewisser Genüsse zu enthalten, gehören somit zu den Voraussetzungen reifer Menschlichkeit; doch sie sind nicht deren letztes Ziel, ja sie sind nicht einmal imstande, von sich aus den Menschen zu einem homo humanus zu machen. Auch auf diesen Punkt kommt Solowjew in seiner monumentalen Moralphilosophie „Die Rechtfertigung des Guten" (deutsch 1976) zu sprechen: „Unabhängig von allen Grundsätzen rufen Völlerei, Trunksucht und Ausschweifung unmittelbar Abscheu und Verachtung hervor, die Enthaltsamkeit von diesen Lastern aber erfreut sich unwillkürlicher Achtung, das heißt, wird als ein Gutes anerkannt. Indessen ist dieses Gute *nicht* ein absolut Gutes, wenn man es vereinzelt. Denn die durch richtige Enthaltsamkeit erlangte Macht des Geistes über das Fleisch oder die Kraft des Willens kann für unsittliche Ziele benutzt werden. Ein starker Wille kann böse sein. Der Mensch kann seine niedere Natur unterdrücken, um sich eitel und stolz seiner höheren Kraft zu rühmen; ein solcher Sieg des Geistes ist nicht ein Gutes. Noch schlechter ist es, wenn die Selbstbeherrschung des Geistes und die Konzentration des Willens dazu benutzt werden, um den Nächsten Schaden zuzufügen, selbst wenn dies nicht um niederen Gewinnes willen geschieht. Nicht nur Menschen, die dem geistigen Stolz, der Heuchelei und Eitelkeit verfallen sind, sondern auch direkt boshafte, heimtückische und grausame Egoisten waren und sind erfolgreiche Asketen. Es wird allgemein anerkannt, daß ein solcher Asket in sittlicher Hinsicht viel schlechter ist als ein einfältiger Trinker und Vielfraß oder ein mitleidiger Wüstling."

Aus diesem Grunde nimmt Solowjew neben dem *Asketismus*, den er dem Schamgefühl zuordnet, noch zwei weitere Grundsätze sittlichen Verhaltens an: den *Altruismus*, der für ihn im Gefühl des Mitleids wurzelt, und die *Ehrfurcht* oder *Pietät*. Als asketisches Wesen ist der Mensch bestrebt, die richtige Einstellung zu dem zu finden, was unter ihm ist. Als altruistisches Wesen verhält er sich in angemessener Weise zu seinesgleichen oder ihm ähnlichen Wesen. Als ehrfürchtiges Wesen anerkennt er ihm überlegene Autoritäten und letzthin seine Abhängigkeit von Gott.

Askese ist seit jeher ein bevorzugtes Thema der Religionsgeschichte und der christlichen Theologie, sowohl der römisch-katholischen als auch der ostkirchlich-orthodoxen wie der protestantisch-pietistischen. Sie spielt vor allem eine überragende Rolle in der Mystik, gilt sie doch als ein bevorzugtes, ja unabdingbares Mittel, um sich Gott zu nähern oder mit ihm eins zu werden. Bereits die asketischen Übungen archaischer Schamanen weisen diese Tendenz auf. Durch sie erlangt der Zauberpriester magische Fähigkeiten und im äußersten Fall sogar das Gefühl der Allmacht. Indem er seine Anforderungen minimalisiert und eben dadurch seine psychophysische Angriffsfläche gegenüber äußeren Reizen verringert, gerät er in einen Zustand konzentrierter Präsenz, mit dem sich eine numinose Aura, ein autoritatives Charisma verbinden. Halb bewundert, halb schaudernd beargwöhnt, weiß er sich im Besitz außeralltäglicher Kräfte, mittels deren er nicht nur Kranke heilt und andere Wunder wirkt, sondern sogar Götter und Dämonen sich botmäßig zu machen versteht. Er kann sie bannen und zwingen, sie müssen ihm gehorchen und seinen Willen erfüllen.

Schon die ältesten uns bekannten Völker, die noch nicht die Stufe von Hochkulturen erreicht hatten, kannten bestimmte Formen der Askese, wie Fasten, sexuelle Abstinenz, Rückzug aus der Gesellschaft, Verzicht auf bestimmte Bequemlichkeiten oder Güter, Schweigegebote, Erdulden von freiwillig sich auferlegten Entbehrungen bis hin zum Opfer des Lebens.

Grundsätzlich gibt es so viele Formen der Askese, wie es menschliche Bedürfnisse gibt. Das Verlangen nach Speise und Trank, nach Wärme, Ruhe und Sicherheit, nach Abwechslung und Amüsement, nach Behaglichkeit, Wohlbefinden und Lust, nach sexueller Erfüllung, erotischer Harmonie und familiärer Bindung, nach Eingefügtsein in bergende, stützende und entlastende kollektive Ordnungen, nach sozialer Anerkennung, Prestige und Ruhm, nach Teilhabe an kulturellen und zivilisatorischen Gütern, nach Schönheit, Attraktivität und Glück, nach einem wie immer gearteten und imaginierten Fortleben nach dem Tode – alle diese durchgehenden Themen menschlicher Selbstverwirklichung sind in höherem oder geringerem Maße askesefähig. Dies gilt sogar für so elementare physiologische Bedürfnisse wie Atmung und Schlaf. Auch sie können eingeschränkt, gezügelt und kontrolliert werden, wie die Atemtechniken des *Sāṅkhya* und *Yoga* der Fakire und Adepten des *Vedānta (Prāṇāyāma)* wie des *Mahāyāna*-Buddhismus und der hesychastischen Mönche auf dem Berg Athos und in anderen orthodoxen Klöstern desselben Typs beweisen. Daß die Bekämpfung des Schlafbedürfnisses in der christlichen Askese eine bedeutende Rolle spielt; ja, daß deren radikale Ausprägungen die Wonnen des Schlafes kaum minder als die Freuden des Eros und des Rausches entschieden ablehnen, ist bereits kurz erwähnt worden. So heißt es vom heiligen Bernhard von Clairvaux, dem Begründer des Zisterzienserordens: „Schnell war in dem jungen Manne der Geist stark geworden; was aber sonst zu herrschen pflegt, in die Dienstbarkeit hineingezwungen. Die Sinne fanden sich so gebunden, daß er sehend nicht sah, hörend nicht hörte, noch auch schmeckend einigen Geschmack empfand; was er von Nahrung zu sich nahm, was er sich von Ruhe im Schlaf gestattete, schien weniger genommen, um das Leben zu erhalten, als zugelassen, um den Tod abzuhalten. Unter Wachen und Fasten, Kälte und Arbeit war die Macht des Leibes bald gebrochen, ja, wie er später wohl bisweilen beklagte, in allzu großem Eifer zerrüttet; aber der Geist war umso lichter in ihm aufgeflammt."

Askese ist, ungeachtet ihres Vorkommens schon in sehr frühen und sogar ältesten Kulturen, durchaus nichts „Primitives" oder „Archaisches", sondern vielmehr etwas Fundamentales, ein Wesensmerkmal des Menschen. Sie gehört zum Prozeß der Menschwerdung des Menschen. Nachdem bereits Schopenhauer und Solowjew sie als ethische Grundhaltung gewürdigt hatten, wird sie seit Max Scheler und Arnold Gehlen in zunehmendem Maße zum Gegenstand sowohl der philosophischen Anthropologie als auch der Verhaltensforschung. Der Mensch als „Neinsagenkönner" und als „Asket des Lebens" (Scheler), als sich „hemmendes" und „gehemmtes" Wesen (Peter Probst) – dies sind Gesichtspunkte, die weit über die Religionsgeschichte oder auch Pathologie religiösen Bewußtseins hinausgreifen. Sie werden in dem vorliegenden INITIATIVE-Band insbesondere in dem Essay des Biologen und Mediziners Richard Huber zur Sprache gebracht.

Hat aber Askese eine anthropologische, eine allgemeinmenschliche Dimension, weil jedes denkbare Menschsein und jede Kultur sich auf fundamentalen Einschränkungen, Versagungen und Hemmungen gründet, dann spricht viel dafür, daß die Vielfalt asketischer Praktiken und Lebensformen sehr verschiedenartige psychologische Wurzeln hat. Genauer gesagt: auf den ersten Blick gleichartige oder ähnliche Erscheinungsweisen können unter Umständen höchst unterschiedlichen Antrieben entspringen und sich mit gegensätzlichen Leitgedanken oder ideologischen Rechtfertigungen verbinden. Man vergleiche etwa einen japanischen

Samurai, einen altrömischen Stoiker und die Selbstmordkommandos militanter Sekten. Ebenso läßt sich mit guten Gründen vermuten, daß sich keine der zahlreichen asketischen Lebensformen auf ein einziges Motiv zurückführen läßt. Diese Einsicht spricht ja schon die oben erwähnte Legende von dem russischen Mönch Isaakij aus, in dessen Selbstüberwindung und Weltabkehr sowohl Demut als auch Hochmut wirksam waren.
Ohne Anspruch auf Vollständigkeit könnte man vielleicht folgende Wurzeln oder Antriebe voneinander sondern.
1. Askese als Ausdruck physischer Gesundheit und Kraft, als eine Art von Gymnastik oder Athletik, vielfach verbunden mit einer sportlichen Lebensauffassung, die ein allzu bequemes, verweichlichtes und überbehütetes Dasein verachtet, hingegen Abhärtung und Fitness schätzt.
2. Askese als Sinn für Maß, Einfachheit, Reinlichkeit, auch als Diätbewußtsein und Abneigung gegen alles Überflüssige.
3. Askese als Reizmittel, als vorübergehende Enthaltsamkeit zwecks Erhöhung, Steigerung und Intensivierung der grundsätzlich bejahten und erstrebten Lust, also als sublime Lebenskunst, ja geradezu als verfeinerter Epikureismus und Stimulans des Vergnügens. Dies war etwa auch die Philosophie des französischen Schriftstellers Henri de Montherlant, der sein Ideal in der Verbindung von Eremit und Verführer, Mönch und Erotiker sah oder, um an Max Frischs Komödie zu erinnern: „Don Juan oder Die Liebe zur Geometrie". Robert d'Harcourt sagte einmal über ihn die oft zitierten Worte: „In Wirklichkeit möchte er die Synthese von Askese und Fleischlichkeit. Seinen Helden hat er uns vorgestellt: der Mann, der gleichzeitig St. Vinzenz von Paul und Casanova wäre" (Johann Sofer: H. de Montherlant – der Kämpfer, Wiener Zeitung, Nr. 95, 22. April 1956).
4. Askese als Test, als Erprobung, wieviel man aushält oder mit wie wenig Komfort man nicht nur überleben, sondern sich sogar wohlfühlen kann oder ob man zum Magier, Helden, Einsiedler, Sportler oder sonst etwas Tüchtigem taugt.

Askese als eine Art von „Noviziat" oder Initiationsritus. Kein Mann, meinte noch der bedeutende amerikanische Philosoph und Psychologe William James, ist wahrhaft erzogen, der nicht gelegentlich mit dem Gedanken an Selbstmord gespielt hat.

5. Askese als Risikoverminderung, indem man auf mögliche Lust verzichtet, um den mit ihr verbundenen Enttäuschungen oder unangenehmen Nebenfolgen zu entgehen.

6. Askese als Ausdruck einer pessimistischen Einschätzung der Welt und insbesondere der menschlichen Glücksmöglichkeiten, vor allem nach einem mehr oder minder langen Zeitabschnitt luxuriösen Lebens, das am Ende einen schalen Nachgeschmack oder sogar Ekel, Widerwillen und Schwermut hinterließ.

7. Askese als Bekundung von Unabhängigkeitssinn, als Wille zur Freiheit von Zwängen, Pflichten und Bindungen; als Abwerfen von Ballast und Fesseln, seien diese nun zwischenmenschlicher oder materieller Art: „Vielleicht sind die Beduinen, die sich nie so weit erniedrigen würden, daß sie in einem Haus leben, und die unter diesem großen Himmel frei umherziehen, die letzten Menschen, die wissen, was Freiheit ist" (Marion Gräfin Dönhoff: Welt in Bewegung. Düsseldorf 1965).

8. Askese als Demonstration, als ostentative Kundgebung ethischer oder politischer Zielsetzungen, vielfach verbunden mit der Absicht, die Öffentlichkeit oder bestimmte einflußreiche Gruppen aufzurütteln, zu beunruhigen oder auch zu erpressen. Der Asket will anklagen, mit seiner ausgemergelten Gestalt oder seinem Opfertod den andern ein Vorwurf, Mahnmal oder auch Signal zur Tat sein (insbesondere durch „Hungerstreik" oder Selbstverbrennung und verwandte Formen des Freitods).

9. Askese als bejahte Disziplin, als Dienst an und Unterordnung unter Institutionen, von denen sich „konsumieren zu lassen", nach einem Wort von Gehlen, auch ein „Weg zur Würde" sein könne. „Nur daß er dienen durfte, freute ihn" – dieser Vers Hugo von Hofmannsthals mag einem kri-

tisch-emanzipierten Bewußtsein als masochistische Verirrung erscheinen, doch imgrunde nennt er bloß die unabdingbare Voraussetzung jeder staatlichen Ordnung, auch wenn diese nicht mehr von Königen zusammengehalten wird:

> *Mit meiner Königin zu sein, verlangt mich heiß;*
> *Nicht nur Verdienst, auch Treue wahrt uns die Person.*
>
> Faust II, V. 9983 f.

10. Askese als Buße oder Sühne, als Akt der Entschuldung für eigene oder von anderen begangene Frevel, als ein Gott wohlgefälliges und ihn besänftigendes Werk (meritorische Askese). Diese asketische Sonderform ist zwar dem Geist des christlichen Evangeliums fremd, doch hat sie schon früh im Mönchtum Schule gemacht, nachdem sie bereits in der Antike in orphisch-pythagoreischen Kreisen sowie in den aus Vorderasien stammenden Mysterien- und Erlösungskulten verbreitet gewesen war. Bisweilen steigert sie sich bis zu dem Versuch, Christi Leiden zu überbieten, Gott dadurch zu „bestechen", sich seiner Gnade zwingend zu vergewissern und überdies auch noch magische Kräfte zu gewinnen.

11. Askese als Opfer bis zur Selbstaufopferung, zur Hingabe des Lebens für ein Ideal, einen einzelnen Menschen, eine Gemeinschaft, ein transzendentes Ziel. In diesem Zusammenhang muß man keineswegs nur an die dramatischen Fülle heroischer Todesverachtung, mönchischer Mortifikation oder des Martyriums verfolgter Glaubensbekenner denken. Wie ich schon an anderer Stelle (Herderbücherei INITIATIVE 57, S. 20) gesagt habe, gehört es „zur Größe des Menschen, daß er sein Leben zu opfern und durch dieses Sichverschenken – das ein Verzicht ist – die Ökonomie von Leistung und Gegenleistung zu durchbrechen vermag... In gewisser Weise opfert jeder sein Leben, sofern er sein einmaliges und unwiederholbares Dasein in den Dienst eines ‚Anderen' stellt oder ihm ‚weiht'. Das Opfer des Lebens kann aus zahllosen kleinen

Opfern bestehen, die tagtäglich gebracht werden und dennoch in der Perspektive eines totalen Daseins ein einziges großes Opfer bilden. Ganze Leben sind Opfer, obwohl die betreffenden Menschen, von außen betrachtet, keine dramatische Biographie haben und eines natürlichen Todes sterben."

Es sind dies bei weitem nicht alle Erscheinungsweisen von Askese. Einige gehen ineinander über oder kommen meistens in Mischformen vor; andere lassen sich vielleicht aus einer bestimmten „Urform" ableiten; und jede weist ihre arteigenen Zerrformen auf. Hinzu kommen die jeweiligen Deutungen asketischer Übungen und Haltungen, sei's durch deren Adepten, sei's durch Theologen, Philosophen, Psychologen und Völkerkundler. Ihre Theorien widersprechen einander vielfach, wie denn auch heute noch Arnold Gehlens Wort gilt, daß über dem ganzen Gebiet der Hemmungsprozesse und Hemmungsregulationen ein Dunkel schwebt.

Die erwähnten Beispiele zeigen, daß Askese keine Besonderheit des Christentums ist; vielmehr stellt die christliche Askese, die ihrerseits mannigfaltige Ausprägungen hervorgebracht hat, eine besondere Erscheinungsweise der als anthropologische Urtatsache, als menschliches „Universale" verstandenen Fähigkeit zu Selbstbeherrschung, Selbsthemmung, Selbstbescheidung, zu Enthaltsamkeit, Verzicht und – die äußerste Gestalt – Selbstaufopferung dar. Auch Tugenden wie Demut, Besonnenheit, Tapferkeit, Gelassenheit und Geduld verdanken sich letzten Endes einer asketischen Haltung; sie sind gleichsam duftende Blüten auf dem harten Holz gelungener Distanzierung von den eigenen zufällig-beliebigen Antrieben.

Man könnte, einen Gedanken Hugo Balls aufgreifend, in diesem Zusammenhang auch von aktiver Skepsis sprechen, also von einer Skepsis, die nicht nur Theorie, sondern Praxis ist: habituell gewordene Zurückhaltung gegenüber dem „Natürlichen", produktive und kulturstiftende wie -bewahrende Hemmung, die nicht mit pathologischer Gehemmtheit verwechselt werden darf.

Sie berührt sich hingegen innig mit jener „Grundhaltung der Abschiedlichkeit", von der Wilhelm Weischedel spricht (Skeptische Ethik. Frankfurt 1976). Als „durchgängige Distanz" wird sie auch im Engagement für Menschen, Dinge und Ideen wie eine letzte „innere Abständigkeit von der Wirklichkeit" – einschließlich der eigenen Leidenschaften, Wünsche und Vorlieben – bewahrt.

Abschiedlich gestimmt und gesinnt zu sein ist eine noble Antwort auf die unbestreitbare Tatsache, daß in dieser Welt alles vergänglich, dem schließlichen Untergang verfallen und deshalb problematisch ist. In der Verfassung der Abschiedlichkeit lernen wir zu entsagen, zu verzichten und gelassen zu sein.

Eine solche Grundhaltung muß durchaus nicht notwendig mit metaphysischem Pessimismus, depressivem Weltschmerz oder einer radikalen christlichen Erbsündentheologie verbunden sein. Sie äußert sich im allgemeinen eher in der Gestalt einer leise schwebenden Trauer, die auch in Augenblicken der Freude darum weiß: *sunt lacrimae rerum,* nicht nur wir können weinen, auch die Dinge selbst haben ihre eigenen Tränen. Diese Aussage des römischen Dichters Vergil berührt sich merkwürdig mit dem Wort des christlichen Apostels Paulus: „Durch die ganze Schöpfung zieht sich ein Seufzen, sie liegt in Wehen bis zur Stunde" (Römer 8,22).

Die Grundhaltung der Abschiedlichkeit scheint mir die geistig-seelische Quintessenz dessen zu sein, was in einer weitestgehend säkularisierten Zivilisation als asketisches Minimum vielleicht noch allgemeine Zustimmung finden kann. Sie ist, so wie das alte Gentleman-Ideal, weder grundsätzlich an ein bestimmtes religiöses Bekenntnis noch an eine abgeschlossene soziale Klasse gebunden. Auch wenn wir es nicht zu jener „asketischen Weltkultur" bringen, die der Philosoph und Physiker Carl Friedrich von Weizsäcker propagiert, so kann man doch mit einigem Grund darauf hoffen, daß wenigstens maßgebende Eliten zu einem Ethos aus dem Geiste abschiedlicher Selbstbeherrschung und Selbstbescheidung finden. Auch die früheren, zum Teil bis in unsere Gegenwart hineinwirkenden Formen von Askese waren ja allemal elitäre Angelegenheiten: handle es sich nun um die Pythagoreer, Stoiker und Neuplatoniker, die frühchristlichen Wüstenmönche und die verschiedenen Ordensbewegungen, die islamischen Derwische und Sufis, die jüdische Sondergruppe der Essener und die Gemeinde von Qumran, die Klosterrepublik auf dem Athos und die russischen Starzen, den japanischen Samurai, den buddhistischen Pilger, den hinduistischen Sannyāsin und den tibetischen Lama, die „innerweltliche Askese" des calvinistisch-puritanischen Bürgertums, des sozialistischen Aufbruchs in seiner heroischen Phase und des neuzeitlichen Wissenschaftlers. Zwar bleibt es keinem Menschen erspart, sich immer wieder asketisch verhalten zu müssen, wenn er von Krankheit, Mangel, Sorge, Not oder Enttäuschungen heimgesucht wird; doch als durchgehaltene Lebensform war und ist Askese immer nur eine Sache elitärer Minderheiten gewesen. Solche Minoritäten haben freilich die Geschichte weit mehr bewegt als die sogenannten Massen.

Doch wenn von Askese gesprochen wird, dann sollten wir nicht nur an die großen, teilweise weltgeschichtlich wirksam gewordenen Beispiele denken, sondern auch an die vielfältigen kleinen und unscheinbaren Formen freiwilligen Verzichts auf konsumtives Glück, die in so hohem Maße einer Gemeinschaft, Kultur oder Institution überhaupt erst Bestand und Dauer verleihen. Was vermag nicht alles, je nach Lage, Umständen und individuellen Antrieben, zu einem asketischen Vollzug zu werden! Für den einen bedeutet der Verzicht auf Ehe und Familie ein Opfer, für den andern der Entschluß, zu heiraten, dem Partner treu zu bleiben und Kinder aufzuziehen. Ich kannte in meiner Jugend einen gebildeten Katholiken, der Goethes „Faust" mehr als alle anderen Dichtungen schätzte und ihn immer wieder las; in der vorösterlichen Fastenzeit jedoch pflegte er sich dieses Bildungsvergnügens zu enthalten. Ich könnte mir den umgekehrten Fall vorstellen: jemand unterwirft sich der asketischen Zumutung, einmal den „Faust" vollständig zu lesen und auf die gewohnte Lektüre von Zeitungen und Illustrierten zu verzichten.

Es spricht manches dafür, daß man das altehrwürdige, aber auch in mancher Hinsicht belastete Wort „Askese" in diesen und ähnlichen Fällen vermeiden sollte. Stattdessen bietet sich ein vertrauterer deutscher Ausdruck an: *„Fasten"*. Er zielt zwar, im ursprünglichen Sinne, bloß auf einen – allerdings weltweit verbreiteten – Bestandteil aus dem Gesamt asketischer Maßnahmen, doch kann man ihn durchaus auch als Pars pro toto verwenden, als Redewendung, die ein Einzelmerkmal oder Element für das Ganze nimmt.

Fasten als zeitweilige, mehr oder weniger lange andauernde Enthaltung von jeglicher oder auch nur bestimmter Speise kennen sogar jene Religionen, die, wie das Judentum oder der Islam, im strengen Sinne des Wortes keine asketischen Wesenszüge aufweisen.

Im Bürgerkrieg mit dem Stamm Benjamin fasteten die Israeliten einen ganzen Tag lang bis Abend, erzählt das Richterbuch des Alten Testaments (20, 26). „Da versammelten sie sich auf der Mispa (Warte), schöpften Wasser, gossen es vor den Herrn, fasteten an jenem Tag und sprachen dort: ‚Wir haben gegen den Herrn gesündigt'", heißt es im Buche Samuel (1, 7, 6). An anderer Stelle berichtet dasselbe Buch (1, 14, 24): „An jenem Tage aber kasteite sich Israels Mannschaft, hatte doch Saul das Volk schwören lassen: ‚Verflucht sei der Mann, der Speise vor dem Abend ißt, bevor ich an meinen Feinden Rache genommen!' Und so hatte das ganze Volk keine Speise gekostet." In außerordentlicher Bedrängnis ordnet auch der Prophet Joël auf göttliches Geheiß ein Bußfasten an (1, 14; 2, 12–15). Am jüdischen Versöhnungstag ist das Fasten ebenso geboten wie in späterer Zeit am Purimfest, das an die Errettung der Juden aus der Hand ihrer persischen Feinde erinnert (Levitikus 16, 29–34; Esther 9, 31). Daneben gab es auch Fälle individuellen Fastens. David fastete streng, als der

Sohn, den ihm Batseba geboren hatte, todkrank darniederlag
(2 Samuel 12, 16 f.). Wegen des schlimmen Zustandes, in dem
sich sein Volk befand, enthielt sich auch Nehemia von Essen
und Trinken: „Ich setzte mich hin, weinte und trauerte eine
Zeitlang; ich fastete und betete vor dem Himmelsgott" (2 Esdras 1, 4).
Eine noch bedeutendere Rolle spielt das Fasten bei den Muslims, die einen eigenen Fastenmonat *Ramadān* kennen. Die
Früchte richtigen Fastens sind in islamischer Sicht die Kontrolle über die leiblichen Begierden, Einübung in Geduld und
Stärkung des Willens, Ergebung in Gottes Willen, Abkehr
von den Versuchungen des Bösen und Steigerung der intellektuellen wie spirituellen Kräfte des Menschen. Der Fastenmonat ist jene Zeit, deren Beginn Barmherzigkeit, deren
Mitte Vergebung und deren Ende Befreiung ist. Der gläubige
Muslim ist davon überzeugt: „Wer fastet, dem werden alle
vergangenen Sünden vergeben."
Diese wenigen Hinweise mögen genügen, um zu belegen,
daß das Fasten auch außerhalb des Hinduismus, Buddhismus, des Christentums und vegetarisch orientierter Religionsgemeinschaften und Orden vorkommt. Bedeutsam ist
ferner, daß das Fasten auch eine von allen religiösen Motiven unabhängige Übung sein kann. Es gehört zu den unumgänglichen therapeutischen Maßnahmen nicht nur bei
Übergewicht durch Überernährung, sondern auch bei anderen Krankheiten. Es gibt Fastenkuren, Fastenkliniken, ja
eine spezielle Fastenmedizin und Diätetik. Vier von zehn
Bürgern der Bundesrepublik Deutschland haben Übergewicht und auf beinahe ein Drittel der Bevölkerung trifft das
Kennzeichen „bedenklich dick" zu (Rheinischer Merkur,
23. November 1984). Die meisten von uns essen zu viel.
Während die Deutsche Gesellschaft für Ernährung – großzügig genug – jedem erwachsenen Mann durchschnittlich
2 500 Kilokalorien täglich zubilligt und jeder Frau etwa
2 100, liegen die tatsächlich konsumierten Werte im Durchschnitt bei 3 885 beziehungsweise 2 926 Kilokalorien.
Daß diese falsche Lebensweise nicht nur unästhetisch ist

und die ihr frönenden Menschen dazu verdammt, weniger angenehm und anziehend zu wirken, als ihnen an sich möglich wäre, sondern darüberhinaus auch die Gesundheit beeinträchtigt und zur vielbeklagten Explosion der Krankheitskosten beiträgt, ist eine Tatsache. Apotheken, Drogerien und Versandfirmen bieten Schlankheitskapseln, Appetithemmer und Anti-Fett-Dragees an. Es gibt kaum ein Unterhaltungsmagazin, das es sich nehmen läßt, Menüs für Schlankheitsbedürftige zusammenzustellen und Ratschläge gegen Fettleibigkeit zu erteilen. Manche, die von kirchlichen Fastengeboten nichts halten, unterwerfen sich nunmehr den oft weit rigoroseren Vorschriften medizinischer Ratgeber oder auch geschäftstüchtiger Quacksalber. Sie melden sich zu Hungerkuren an, die mehr kosten als ein Urlaub in einem Hotel mit lukullischer Küche. Die Erfolge sind allerdings nur mäßig. Nach einer kurzen Weile kehren Fettpölsterchen und Bierbauch wieder zurück.

„Asketische Weltkultur", „Zivilisationsaskese", „Große Weigerung" – wie leicht lassen sich diese und ähnliche plakative Formeln in Umlauf bringen.

Um der Sache willen wäre es besser, wir begnügten uns mit schlichteren Worten – und Taten.

Statt von Askese zu schwatzen, sollten wir lieber von Selbstbeherrschung und Selbstbescheidung sprechen und uns auf die Aktualität des guten alten Fastens besinnen.

Fasten als das Gegenteil von Vielgefräßigkeit, Schlemmerei und Gier; als Sichenthalten von rohen Genüssen, die nicht durch Besonnenheit und Maß gelenkt sind; auch als weitestgehender Verzicht auf blutige Speisen, die die Tötung von Tieren zur Voraussetzung haben – wenngleich wir diese Haltung nicht mit einem Male und vielleicht auch niemals vollständig und radikal einnehmen können, so wäre doch schon viel gewonnen, wenn wir uns an ihr ausrichteten. Wir werden wohl kaum jemals der Notwendigkeit entrinnen, töten zu müssen, um leben zu können; aber wir haben die Möglichkeit und die Pflicht, diese Notwendigkeit von

heute an geringer und schwächer werden zu lassen. Hier gilt das Wort: Je weniger, um so besser.
Es gibt jedoch nicht nur ein physisches Fasten, das im Verzicht auf bestimmte Nahrungsmittel, in der Reduzierung der Speisen oder in der zeitweiligen Enthaltsamkeit von allem Essen besteht.
Es gibt auch ein intellektuelles Fasten, das darin besteht, daß man zum Beispiel auf das Vergnügen verzichtet, die jeweils neuesten Phrasen des von den Massenmedien kolportierten öffentlichen Jargons zu benützen oder den jüngsten Bestseller nur deshalb zu lesen, um über ihn „mitreden" zu können. Kann man sich Laotse, Buddha oder Moses als Zeitungsleser vorstellen? Mit wie wenig Büchern fanden Heraklit, Sokrates und Jesus das Auslangen! Fasten in intellektueller Hinsicht kann auch bedeuten, daß man auf den Reiz gewollter Neuheit und Originalität der Gedanken, auf geistreiche Vielwisserei, auf klügelnden Kritizismus verzichtet. Es gibt auch eine gemästete Intellektualität, eine Genäschigkeit des Hirns, eine Fettsucht des Verstandes.
Fasten ist eine heilsame Übung. Es spricht für die Weisheit der Kirche, daß sie niemals absolute Enthaltsamkeit gefordert hat, sondern von jeher viele Stufen und Arten des Fastens lehrte und anerkannte.
Was wir brauchen, ist eine Rückbesinnung auf die asketischen Traditionen des antiken wie des christlichen Europas, eine neue Wertschätzung der ethischen, religiösen und kulturellen Früchte von Tugenden wie Selbstbeherrschung, Enthaltsamkeit und Verzichtenkönnen, kurz: eine nüchterne Einübung in die verschiedenen Formen des Fastens, physischer wie geistiger Nüchternheit. Eine verfressene, eine übersättigte, eine gemästete Zivilisation ist geistig verloren. Das Absolute ist *auch* eine Frage der Diät. Hier gilt das Wort Martin Heideggers (Der Feldweg, 1953, S. 7): „Der Verzicht nimmt nicht. Der Verzicht gibt. Er gibt die unerschöpfliche Kraft des Einfachen."

Der Herausgeber

RICHARD HUBER
Der Neinsagenkönner
Großhirnrinde und Moral

Im Jahr 1917, noch mitten im Ersten Weltkrieg, berichtete der „Gestalt"-Psychologe Wolfgang Köhler aus der damaligen deutschen Primatenstation auf Teneriffa über seine umfangreichen Versuche mit Schimpansen und Gorillas. In einigen Versuchsreihen war den Tieren aufgegeben, ein attraktives Triebziel, etwa eine Banane, mit verschiedenen Manipulationen und mithilfe verschiedener Gerätschaften zu erreichen. (Ähnliche Untersuchungen mit Orang Utans hat jüngst wieder J. Lethmate angestellt.)

Hemmung von Instinkt-Reaktionen

Ein Versuch Köhlers war so angeordnet, daß das Tier aus seinem Käfig heraus die begehrte Frucht um ein Hindernis herum zunächst *von sich weg* und dann erst zu sich her dirigieren sollte. Obwohl die Tiere vorher viele andere, weit komplizierter erscheinende Aufgaben relativ leicht gelöst hatten, scheiterten alle bis auf eines (der dreijährige Schimpanse Sultan) an diesem Problem. Das lag offenbar daran, daß das einzig mögliche Verfahren, an das Triebziel zu kommen, es erforderte, daß das Tier seinen intensiven Instinkt des Haben- und Fressenwollens hier zumindest zeitweilig zu *suspendieren* imstande war. Man könnte auch sagen: Zur Lösung der Aufgabe war so etwas wie ein kurzzeitiger *Triebverzicht* notwendig, – was den Schimpansen offenbar nur ausnahmsweise gelang.

Was die Tiere dabei selbst erlebt oder „gedacht" haben mögen, soll uns hier nicht beschäftigen. Wichtiger erscheint zunächst ein relativ simpler *physiologischer* Aspekt der Sache. Über all den damals angestellten „gestalt"-psychologischen Erwägungen hat man einen einfachen Umstand kaum beachtet: daß es nämlich dem agierenden Individuum zunächst einmal rein „technisch" überhaupt möglich gewesen sein muß, den Ablauf seiner vorprogrammierten instinkthaften Reaktionen (seiner „Erbkoordinationen"), der durch das begehrte Freß-Ding ausgelöst worden war, zu bremsen oder zu unterdrücken. Eine Aufgabe, die dort einem einzigen begabten jungen Menschenaffen mit Mühe eben noch gelang, die ein in der Evolutionsreihe tiefer stehendes, beliebiges anderes Tier aber vermutlich niemals hätte lösen können.

Problemsituationen wie die, die der Schimpanse Sultan zu lösen hatte, kommen nun im zivilisatorischen Alltag des Menschen häufig genug vor. Unsereinem erscheint denn auch das hier herausgestellte Problem, nämlich einen aktuellen instinktiven Impuls zu unterdrücken, als ohne weiteres lösbar. Was aber so unproblematisch scheint, nach dem fragt man meist nicht näher, und selbst Philosophen tun das nur selten. So ist es wohl zu erklären, daß man eine ganz allgemein höchst bedeutungsvolle Fähigkeit des Menschen, nämlich die, *„nein"* sagen zu können zu seinem eigenen ursprünglichen Verhaltensprogramm (zu seiner „animalischen Natur"), – daß man diese eminent menschliche Fähigkeit zur Hemmung von Instinktreaktionen kaum jemals besonders hervorgehoben oder gar näher untersucht hat.

Ein für den Arzt sehr alltäglicher Vorgang kann hier vielleicht einiges anschaulich machen. Da ist der bekannte Kniesehnen-Reflex, den der Untersucher durch ein Beklopfen der Sehne unterhalb der Kniescheibe auslöst, wobei der Unterschenkel der untersuchten Person „reflektorisch" vorschnellt. Nun ist bei nicht wenigen Menschen dieser Reflex aber nicht so ohne weiteres auslösbar: – der Reflex erscheint hier „gehemmt", und zwar, wie die Neurologen schon lange wissen, vom Großhirn, genauer von dessen Rinde oder Cortex, noch genauer vom Neo-Cortex oder Neuhirn her gehemmt (vgl. J. H. Jackson).

Lenkt man jedoch die Aufmerksamkeit der Versuchsperson irgendwie ab, etwa durch den Auftrag, bestimmte kräftige Bewegungen mit den Händen zu machen, dann ist der eben noch gehemmt gewesene Reflex auf einmal leicht auszulösen. Eine vorher vorhanden gewesene, vom Cortex ausgegangene (corticale) Hemmung wurde durch diesen kleinen Trick aufgehoben. Ähnliches würde übrigens auch durch eine oberflächliche Narkose bewirkt, welche das Neuhirn ausschaltet (was bloß für diesen Zweck aber natürlich viel zu aufwendig wäre).

Weniger einfach und übersichtlich als bei diesem Kniesehnen-Reflex, aber dennoch eindrucksvoll zeigt ein häufig angestelltes und beliebtes Vergiftungsexperiment, das die Menschen schon seit mehreren Jahrtausenden mit ihrer Hirnrinde anzustellen pflegen, deren normale Hemm-Funktion oder vielmehr: den vorübergehenden Ausfall dieser Hemmung. Vergegenwärtigt man sich das Verhalten von *Betrunkenen,* dann wird sogleich klar, daß schon eine harmlose und reversible Vergiftung des Cortex mit (Äthyl-)Alkohol genügt, um die im Alltag sonst zuverlässig funktionierende „corticale Hemmung" gewisser Lebensäußerungen für Stunden außer Kraft zu setzen. So können dann phylogenetisch alte, im Stammhirn einprogrammierte Instinktabläufe oder Erbkoordinationen, also etwa hemmungslose Kampfhandlungen oder ungehemmte erotische Aktivitäten, im Rausch befreit von der lästigen corticalen Kontrolle, sich wie vor Jahrmillionen wieder ungestört durchsetzen. Für den Betrunkenen selbst ist eine solche Enthemmung meist von einem lebhaften *„animalischen"* Glücksgefühl begleitet. („Uns ist ganz kannibalisch wohl als wie fünfhundert Säuen", läßt Goethe seine weinseligen Studenten in Auerbachs Keller singen.) Über den eventuell nachfolgenden biochemischen und moralischen „Kater" brauchen wir hier nicht zu reden. Das weltweit verbreitete und sicher schon über vier Jahrtausende alte Bedürfnis der Menschen nach berauschenden Tränken und Drogen zeigt jedenfalls, daß die Menschen ihren hemmenden Cortex schon oft als lästigen Spielverderber empfunden haben. Dann war ihnen jede Art von Rausch willkommen, in dem sie sich wenigstens vorübergehend der unerwünschten corticalen Kontrolle entziehen konnten.

Hemmung von „Ausdrucks"- Bewegungen

Ein in unserm Sinn dankbares Studienobjekt gibt ferner eine ganze Gruppe von menschlichen Lebensäußerungen ab, die wegen ihrer Besonderheiten schon seit langem das Interesse mehrerer anthropologischer Disziplinen wachgerufen haben: die sogenannten „Ausdrucksbewegungen" des Menschen. (Die Bezeichnung ist, nebenbei, schlecht, weil sie die eigentliche Bedeutung der Vorgänge eher verbirgt. Man spricht wohl besser von *Mimik* und *Gestik*.)
Als 1872 Charles R. Darwin behauptete, die menschlichen Ausdrucksbewegungen seien Relikte säugetierhafter Verhaltensweisen, stieß er auf heftigsten Widerspruch von vielen Seiten. Heute zweifelt wohl kaum noch ein Anthropologe daran, daß diese mimischen und gestischen Phänomene im Lauf einer langen Phylogenie zustandegekommen sind. Dafür spricht schon, daß sie bei allen Menschen gleich sind und daß sie weitgehend unbewußt und ungewollt ablaufen, ja daß dies sogar oft gegen den Willen des Betreffenden geschieht („sie konnte ein Lächeln nicht ganz unterdrücken"; „er konnte nicht verhindern, daß seine Hände vor Wut zitterten"). Diese „Ausdrucksbewegungen" waren offensichtlich einstmals biologisch sinnvolle Instinktreaktionen. Sie sind weitgehend genetisch fixiert, also angeboren, und brauchen nicht erlernt zu werden. Einige

von diesen Vorgängen, so etwa das Hilfe-Schreien des Kleinkindes, sind auch heute noch unmittelbar sinnvoll, ja lebensnotwendig. Andere mimische Phänomene, wie etwa das Weinen oder das Lachen Erwachsener, sind allerdings heute nicht mehr ohne weiteres als biologisch sinnvoll zu erkennen. Sie dienen aber wie jene eindeutig einer nichtverbalen zwischenmenschlichen Kommunikation.

Im Gegensatz zu einer älteren „Ausdrucks"-Forschung, die sich vorwiegend um eine *Analyse* der einzelnen mimischen oder gestischen Elemente bemüht hat, ist man heute, ausgerüstet mit dem korrekteren und griffigeren Vokabular der modernen Ethologie, nun eher bestrebt, diese Vorgänge in ihrem lebendigen Zusammenhang als „ganze" zu verstehen. Erst wenn man diese Vorgänge als *komplexe szenische Einheiten* (R. Bilz) sehen gelernt hat, beginnt man zu bemerken, daß eben dieses mimische und gestische Scenario – zwar nicht durchgehend und nicht immer gleich stark, aber doch auffallend oft – in seinem Ablauf *gehemmt* ist.

Infolge dieser merkwürdigen *Gehemmtheit* bleiben im zivilisatorischen Alltag von den ursprünglich ungestört und ungehemmt ausgelebten, ehemals vollständigen Lebensvorgängen oft nur noch einzelne Rudimente oder Andeutungen übrig.

Von einem eruptiven Lachen, wie man es von Naturvölkern oder von Kindern kennt, ist beim erwachsenen Zeitgenossen meist nur noch ein „kultiviertes", und das heißt eben: ein gehemmtes Lächeln übrig.

Von einem ursprünglich massiven Drohgebaren bleibt vielleicht noch ein „vornehmes" Hochziehen der Augenbrauen, von einem hemmungslosen Drauflosschlagen und Beißen allenfalls noch ein Ballen der Faust oder ein Zusammenbeißen der Lippen und Zähne.

Von einem ekelgeschüttelten Würgen und Erbrechen bleibt noch ein verächtliches Herabziehen der Mundwinkel oder ein angewidertes „Äh".

Vom penetranten Schreien des Babys nach mütterlicher Hilfe bleibt beim Erwachsenen etwa noch die bekannte

„tragische Augenbraue" übrig, von hemmungslosem Weinen gerade noch ein Schnüffeln mit der Nase oder ein verstohlenes Tränenabwischen.
Vom rauschhaft-ungehemmten Liebesspiel bleibt in der Öffentlichkeit vielleicht noch ein Streicheln der Hand des Partners oder ein zärtlicher Wangenkuß.
Einen Sonderfall in diesem Zusammenhang stellt die bewußte *Schauspielkunst* dar. Schauspieler müssen zwar einerseits ihre mimischen und gestischen Bewegungen bis zum Extrem ausspielen, sie müssen auch heftigste Emotionen glaubwürdig ausagieren können. Gerade dies fällt etwa Schauspielschülern (die schon von der Berufswahl her vitaler und weniger gehemmt zu sein pflegen als Durchschnittsbürger) im allgemeinen nicht besonders schwer. Als eine höhere Stufe der Schauspielkunst gilt es im allgemeinen aber doch, wenn der Akteur mit einem Minimum an mimischem und gestischem Aufwand ein Maximum an zwischenmenschlichen Beziehungen deutlich zu machen imstande ist. Das wird klar, sobald wir an große Mimen wie Sarah Bernhardt, Gustav Gründgens, Charles Laughton, Humphrey Bogart, Raimu, Jean Gabin, Käthe Gold oder Greta Garbo denken. Selbst auf der Bühne also, wo man ja nicht nur vom Wort, sondern auch von der Mimik und Gestik lebt, noch mehr aber im wirklichen zivilen Leben gilt demnach ein gewisser Grad von Gehemmtheit ursprünglich-animalischer Verhaltensweisen als vornehm, höherwertig, „elitär" und erstrebenswert. Kultiviert sein bedeutet hier fast das gleiche wie zurückhaltend sein, Selbstbeherrschung zeigen oder Contenance besitzen.

Subcorticales und corticales Verhaltensprogramm

Wie kam es aber zu dieser Verbreitung eines cortical betonten Gehemmtseins?
Die meisten so Gefragten werden ohne langes Zögern antworten, es seien selbstverständlich zivilisatorische und mo-

ralische, längst „internalisierte" Vorstellungen und Normen, es seien Anstand, Sitte, Brauch, Vernunft, Recht und Gesetz, die hier hemmend auf unsere säugetierhafte ethologische Grundstruktur einwirkten. Man reiße heute eben nicht mehr das Fleisch mit den Zähnen von der Hirschkeule, sondern man esse manierlich mit Messer und Gabel. Man bearbeite seinen Gegner nicht mehr mit Fäusten und Zähnen, sondern schlage auch in einem heftigen Streit allenfalls noch mit der Faust auf den Tisch oder man beiße wütend die Lippen und Zähne zusammen.

Anstand und Sitte, Vernunft und Gesetz könnten jedoch das reale Verhalten der Menschen nicht im geringsten beeinflussen, wenn es dem einzelnen Homo sapiens nicht schon rein physiologisch möglich wäre, seine uralten subcorticalen Verhaltens-Schemata in ihrem spontanen, unbewußten und autonomen Ablauf zu hemmen. Nicht nur von unseren Mitmenschen, sondern auch vom Gesetzgeber wird diese Fähigkeit meist als selbstverständlich vorausgesetzt. Immerhin läßt man Ausnahmen zu. So würde jedes Gericht auch bei einem Gewaltverbrechen einen zur Tatzeit nachgewiesenen Ausfall der bremsenden Neuhirnfunktion – etwa infolge einer Verletzung, Krankheit oder Vergiftung des Gehirns – als strafmildernd oder strafaufhebend bewerten.

Daß der Mensch, wie er heute beschaffen ist, nicht einheitlich konstruiert ist, sondern verschiedene, im Lauf der Evolution abgelagerte *„Schichten"* aufweist, von denen die jeweils jüngeren die älteren nicht etwa völlig verdrängt, sondern sie bloß funktionell überlagert haben, ist keine ganz neue Erkenntnis mehr. Unschwer ließen sich im Bereich des Zentralnervensystems drei oder vier solche stammesgeschichtlich übereinandergelagerte Schichten herausarbeiten (vgl. schon E. Rothacker).

Hier sollen uns allerdings, bewußt vereinfachend, nur zwei dieser Schichten beschäftigen: erstens das im Stammhirn fixierte, komplette *subcorticale* Verhaltensprogramm (vorwiegend in bezug auf Nahrungsaufnahme, Kopulation,

Kinderaufzucht und Kämpfen), mithilfe dessen sich die Gattung Mensch seit Jahrhunderttausenden am Leben erhalten hat; und zweitens ein sozusagen über jenes gestülptes, zusätzliches *corticales* Aktionsprogramm. Dieses kann die alten Schemata erheblich variieren und erweitern, ist aber auch imstande, jene in ihrem spontanen Ablauf zu stören, zu hemmen oder ganz zu unterdrücken.

Zwischen diesen beiden Verhaltens-Kategorien, der alten subcorticalen und der neuen corticalen, besteht nun schon seit Jahrtausenden ein überwiegend feindliches Verhältnis. Das ist bedauerlich, hatte aber wohl seine Gründe. Eine cortical-rationale, auf – richtigen oder falschen – Überlegungen beruhende Normensetzung, die nun nicht mehr mittels *Genen*, sondern nur mehr *verbal* an die Mitmenschen und die Nachkommen weitergegeben wurde („Du sollst nicht stehlen"; „du sollst nicht ehebrechen"), hatte ja vermutlich zunächst nur geringe Chancen, sich gegenüber den phylogenetisch alten, instinkthaften Verhaltensmustern wirksam durchzusetzen.

Allein ein starrer, als unverletzlich geltender, nicht in Frage zu stellender verbaler Normenkatalog, wie es etwa die Gesetze des Hammurapi oder die Zehn Gebote Moses' waren, konnte seinerzeit bewirken, daß das ungeschriebene Ordnungsgefüge, das in den Genen die Erfahrung von Jahrmillionen enthielt und das ebensolange das Leben in den kleinen Menschenhorden geregelt hatte, nun durch künstliche Vorschriften verdrängt wurde – wie es in den damals neu entstehenden Großgesellschaften offenbar notwendig erschien. Damit mußten in der Folgezeit aber die urtümlichen, säugetierhaften Instinktschemata wie etwa die Sexualinstinkte, die Instinkte des Rangordnungskampfes oder die der Nahrungsaufnahme unvermeidlich in ein moralisches Abseits geraten. Und je schärfer die neuen menschengemachten Normen den vererbten Schemata widersprachen, umso mehr wurden jene alten Verhaltensmuster von da an als überlebt, als minderwertig, als verächtlich, ja als kriminell gewertet. In der christlichen Glaubenswelt etwa wurden sie zu dem, was man „Erbsünde" nannte. Und weil instinktkonformes Reagieren – biologisch sinnvoll – meist intensiv lustbetont ist, hat man pauschal gleich auch die Lust mit abgewertet. (Daher schon die Feindschaft der Stoiker gegen Epikur.) Man hat dabei im Eifer übersehen, daß jene alten Instinkte nicht nur unendlich lange Zeit hindurch notwendig und lebenserhaltend gewesen waren, sondern daß sie auf verborgene Weise auch heute immer noch wirksam und sogar unentbehrlich sind.

Mit Recht hat in seinem bei vielen Geisteswissenschaftlern gänzlich unverstanden gebliebenen Buch „Das sogenannte Böse" von 1963 der Verhaltensforscher Konrad Lorenz auf die positive und lebenswichtige Funktion der (aus naheliegenden Gründen heute allgemein erbittert abgelehnten) *Kampfinstinkte* hingewiesen. Dabei, und hier liegt die Quelle der profunden Mißverständnisse, meinte Lorenz nicht etwa das todbringende Fangen, Zerreißen und Auffressen lebender Beutetiere durch fleischfressende Raubtiere (was mit dem eigentlichen „Kämpfen" gar nichts zu tun hat, beim Stichwort „Kampf ums Dasein" von Nicht-Biologen aber stets mitgedacht wird). Er hatte vielmehr den weit harmloseren, kaum je tödlichen „Rangordnungskampf" zwischen männlichen höheren Wirbeltieren – um Nahrung, Territorium und Sexualpartnerin – im Sinn. Eben dieser Rangordnungskampf aber füllt – in gehemmter und ritualisierter Form – immer noch einen beachtlichen Teil unseres beruflichen und privaten Alltags aus, ob wir das mögen oder nicht.

Nicht ausführlich erwähnt werden soll hier ein sogenanntes „moral-analoges" Verhalten mancher Tier-Arten, von dem die Ethologen berichten. Besonders bei vielen höheren Wirbeltier-Arten fallen gewisse „altruistische" oder „fremdgünstige" Verhaltensweisen innerhalb der Gruppe auf, die auf den Beobachter „rührend" oder „geradezu menschlich" wirken. Dazu gehören etwa die gegenseitige Hautpflege unter Hordenmitgliedern, die Betreuung und Verteidigung der Jungen durch das Muttertier, oder etwa die erstaunliche

„Geburtshilfe" bei Delphinen, wo einige fremde Weibchen das Junge sogleich nach dessen Geburt an die Wasseroberfläche tragen, damit es Luft atmen kann. Es ist von uns Menschen aber wohl anmaßend, dergleichen bei Tieren „menschlich" zu nennen. Richtiger wäre es, entsprechende Verhaltensweisen beim Menschen „tierlich" zu nennen, weil sie ja auch beim Menschen instinktiv, also spontan, ungelernt und ungeplant ablaufen.

Koordinatensystem der Moral

Im allgemeinen glauben wir naiv, die Abfolge unserer üblichen motorischen Lebensäußerungen sei additiv aus lauter einzelnen Bewegungselementen zusammengesetzt. Das trifft so jedoch keineswegs zu, oder allenfalls beim künstlichen, mühevollen Erlernen etwa von Tanzschritten oder von neuen Sportarten. Sonst werden natürlicherweise immer nur *ganze*, sehr komplexe Bewegungs-*Koordinationen* intendiert und innerviert. Das will sagen: Üblicherweise überlege ich mir nicht im einzelnen, daß ich jetzt die Faust ballen, den Arm heben und die Faust vorwärts stoßen muß. Bewußt ist mir allenfalls die Absicht, meinem Gegner „eine reinzuhauen". Erst wenn man von solchen „ganzen" Bewegungs-Koordinationen ausgeht, wird man eine etwaige Hemmung oder Unterdrückung ihres realen Ablaufs überhaupt bemerken können. Weil aber die Physiologen lange Zeit derartige ganzheitliche Intentionen nicht im Auge hatten, hat es so überaus lange gedauert, bis man auf die wichtige Hemm-Funktion des Cortex, auf das Vorhandensein einer realen „corticalen Bremse" aufmerksam geworden ist.

Um 330 v. Chr. hat der makedonische Arztsohn und Naturforscher Aristoteles von Stagira für seinen geliebten nebenehelichen Sohn Nikómachos seine bekannte „Nikomachische Ethik" verfaßt. Unter anderem spricht er dort viel von der *„enkráteia"*, von der „Beherrschtheit" der Menschen, auch von ihrer „Unbeherrschtheit", die er aber deutlich unterschieden wissen wollte von der jeweiligen Stärke der „Begierde" (epithymía, órexis). Damit hat Aristoteles – wohl als erster – sozusagen ein biologisches Koordinatensystem der Moral entworfen, auf dessen Ordinate der Grad der Triebstärke und auf dessen Abszisse der Grad der Beherrschtheit aufzutragen wären. Das „Verhalten" *(éthos)* eines unbeherrschten Menschen, so schreibt Aristoteles, sei nun „nicht wie das eines Mannes, der Wissen hat und davon Gebrauch macht, sondern wie das eines Schlafenden oder Betrunkenen" (VII,11). „Und doch müssen (auch) beim beherrschten Menschen solche Begierden vorausgesetzt werden" (VII,3). Wer allerdings nur schwache oder gar keine Begierden habe, dessen Beherrschtheit sei dann auch weiter kein Verdienst.

Übrigens findet sich schon fünfhundert Jahre vor Aristoteles bei Homer das Bild des Odysseus, der, auf eigenen Wunsch an den Mast gefesselt, neugierig, aber ungefährdet dem betörenden Gesang der Sirenen lauscht. Der poetische Topos preist also den höheren Menschen, der zwar durchaus Begierden hat, sie aber vorausschauend zu beherrschen weiß.

Auf den Gedanken freilich, daß das, was er *enkráteia* oder Beherrschtheit nannte, etwas mit der Funktion des menschlichen Großhirns zu tun haben könnte, ist Aristoteles unglücklicherweise nicht gekommen. Es ist ein schlechter Scherz der Philosophiegeschichte, daß ausgerechnet der große Naturforscher Aristoteles nicht bemerkt hat, daß enkráteia oder Beherrschtheit – eine, sogar eine besonders wichtige Funktion – ohne menschliches Großhirn und die von ihm ausgehenden Nervenbahnen nicht vorstellbar ist. In unverzeihlicher Blindheit hatte er behauptet und war dabei geblieben (obwohl es auch damals schon richtigere Vorstellungen gab), daß das Gehirn mit seinen auffälligen Windungen bloß eine Art Kühl-Organ für das im Körperkern erhitzte Blut sei, während Vernunft und Seele ihren Sitz im Zwerchfell *(phrén)* hätten. Dieser kapitale Irrtum des Stagiriten hat die Erkenntnis dann volle 2000 Jahre lang blockiert.

Neinsagen ist nicht Selbstzweck

Nun kann aber die bloße Selbstbeherrschung, das bloße Neinsagen zu unseren eigenen instinkthaften Antrieben natürlich nicht Selbstzweck sein. Die Unterdrückung von jahrmillionenlang sinnvoll und zum Überleben sogar notwendig gewesenen Instinktreaktionen könnte, fände sie ersatzlos statt, nur katastrophale biologische Auswirkungen haben. Selektions- und Überlebensvorteile, für das einzelne Individuum wie für eine ganze Population, sind mithilfe einer bloßen Instinkthemmung nicht vorstellbar. (Hierauf hat übrigens schon Arnold Gehlen einmal kurz hingewiesen.) Lebewesen, die als Neuerwerbung nichts weiter vorzuweisen hätten als die ausgeprägte Fähigkeit, ihre Instinktreaktionen zu hemmen, wären vermutlich kaum lebenstauglich und bald ausgestorben. Und wenn man heute von einem Menschen sagt, er sei „sehr gehemmt", dann hat man dabei die Vorstellung, daß er mit den täglichen Anforderungen des Lebens nicht recht fertig wird und Hilfe braucht. (Vgl. P. Probst.)

Das, was *wir* hier mit „Hemmung" meinen, ist aber selbstverständlich *nicht* als Mangel, nicht als ein Defekt gemeint. Soll eine solche Instinkthemmung also einen erkennbaren Sinn und darüber hinaus sogar eine größere anthropologische Bedeutung haben, dann müßte diese für das Individuum oder die Gruppe erkennbar positiv sein.

Es könnte zum Beispiel so sein, daß da gewissermaßen „Platz gemacht" werden soll für etwas anderes, das einstweilen noch nicht recht erkennbar ist. Mit Arnold Gehlen (1904–1976) könnte man sich vorstellen, daß damit eine „Pause", eine Lücke zwischen Wahrnehmung und Triebimpuls, daß da ein „Hiatus" entstanden ist, der es möglich macht, daß an die Stelle von unbewußten, *subcortical* ge-

steuerten Re-Aktionen nunmehr bewußte und gewollte, *cortical* gesteuerte Aktionen treten können. Damit das überhaupt möglich wird, müssen aber unbedingt vorher die archaischen Verhaltensmuster *blockiert* worden sein.
Nun sind die alten instinkthaften Verhaltensmuster zwar *im allgemeinen* sinnvoll und zweckmäßig; anders hätten sie die stetig wirksame, jahrmillionenlange Selektion ja nicht überdauert. Das schließt aber nicht aus, daß jene schematischen Verhaltensweisen *im Einzelfall* sehr kurzsichtig, ja kraß unintelligent sein können. Man denke etwa daran, wie sich Menschen in Panik, etwa bei Ausbruch eines Feuers, zu benehmen pflegen, in einer Situation also, die offenbar nur allgemeine Fluchtreaktionen (wie bei allen höheren Wirbeltieren), jedoch kein der Situation speziell angemessenes Handeln auslöst. Hier kann erst nach wirksamer Blockierung des panischen, subcortical ausgelösten Bewegungssturmes eine corticale Steuerung Platz greifen und dazu führen, daß die Lage rational bewältigt wird. Das böte in diesem Fall dem Individuum auch beträchtliche Überlebensvorteile. Der „Hiatus" als Folge einer „Hemmung der bloßen Jetztbewältigung", von dem Gehlen spricht, stellt sich so als eine Art Angelpunkt der spezifisch menschlichen Art zu leben dar.
Erst von hier an kämen dann die allgemein besser bekannten Leistungen der Hirnrinde ins Spiel, ohne welche Einsicht, Nach-Denken, Voraussicht, Gedächtnis, Lernfähigkeit, Vergleichen, Wahlmöglichkeit, Planung usw. nicht möglich wären. Auf irgend eine im einzelnen noch nicht bekannte, aber zweifellos ganz natürliche Weise scheint die *corticale Hemmung* instinkthafter Bewegungskomplexe – eine Leistung, die zweifellos an die intakte Funktion der Hirnrinde gebunden ist – zugleich auch mit einem höheren Grad von *Bewußtheit* gekoppelt zu sein. Wie jedermann weiß, setzt auch dieses Bewußtwerden von Wahrnehmungen eine intakt funktionierende Hirnrinde voraus; jede Narkose, die diese Hirnrinde chemisch ausschaltet, beweist das eindeutig.

So könnten dann, wenn wir uns jetzt einmal ins Spekulative wagen, vom Individuum neugewonnene Bewußtseins-Inhalte als eine Art Destillat oder Sublimat aus cortical gehemmten, unausgelebten Instinktabläufen anzusehen sein. Zumindest ist ein solcher quasi-kausaler *Zusammenhang von Instinkthemmung und Bewußtheit, von „Askese" und „Vergeistigung"*, in auffälliger Übereinstimmung schon seit langer Zeit von vielen asketischen Lehren und Praktiken behauptet worden.

So betrachtet wäre das menschliche Neuhirn erst in zweiter Linie der Ort des Bewußtwerdens von Wahrnehmungen (oder der „Apperzeption", wie man diesen Vorgang auch genannt hat). Denn der Apperzeption, ja vielleicht der Erkenntnis allgemein, müßte demnach eine wie immer geartete Hemmung vitaler Impulse vorausgegangen sein. Bereits Friedrich Nietzsche hat, obschon ohne neurologische oder ethologische Kenntnisse, vermutet: „Alle Instinkte, welche sich nicht nach außen entladen, wenden sich nach innen – damit wächst erst das am Menschen heran, was man später ‚Seele' nannte. Die ganze innere Welt... ist in dem Maße auseinander- und aufgegangen, hat Tiefe, Breite und Höhe bekommen, als die Entladung nach außen gehemmt ist."

Askese als Übung im Nichtreagierenmüssen

Nach allem bisher Gesagten läßt sich feststellen, daß der heutige Mensch einige seiner Lebensäußerungen, und zwar gerade seine typisch *„animalischen"*, bewußt und absichtlich hemmen oder ganz unterdrücken kann. Wir können somit das, was man üblicherweise „Askese" nennt, als eine Übung (gr. *áskesis)* in der Beherrschtheit, eine *Übung im Nichtmehrreagierenmüssen* bezeichnen. So, wie der Mensch auch manche andere seiner potentiellen Fähigkeiten in der Jugend spielerisch einüben muß, damit er sie später „kann", wenn er sie braucht, so muß er auch diese „neocorticale Bremse" schon öfters betätigt haben, wenn sie später im Ernstfall greifen soll. Die gegenwärtige Pädagogik hat unter dem mächtigen Einfluß vor allem der psychoanalytischen Theorien ein solches Training des Nichtreagierenmüssens – man nennt das mit Freud meist *„Triebunterdrükkung"* – weitgehend ausgeklammert. Das wird vermutlich Folgen haben oder hat sie schon. Keine Erziehung, insbesondere keine elitäre Erziehung, kommt daran vorbei, Kinder und Jugendliche in dieser Richtung einem wirksamen Training zu unterwerfen.

Allerdings birgt die Praxis einer solchen asketischen Schulung, wie die Erfahrung lehrt, stets auch die Gefahr, daß die Askese zum Selbstzweck wird. Dann werden deren Adepten in ihrer Freiheit unnötig eingeschränkt und sachfremden Interessen unterworfen. Das ist etwa in einer Kadettenanstalt wohl nicht anders als in einer christlichen oder buddhistischen Klosterschule. Eine – wie immer motivierte – „Triebunterdrückung" bei den Schülern gehört da eben zum Lehrprogramm, und es fragt sich, ob hier Mißbrauch überhaupt vermieden werden kann. Immer wieder werden sich sadistische Charaktere finden, die an der Unterdrückung der Instinkte junger Leute besondere Freude haben und ihren daraus zu schöpfenden Machtzuwachs genießen. Denn neben der Fähigkeit, sich überhaupt sprachlich-abstrakt zu verständigen, ist es offenbar gerade diese verbal vermittelbare Triebunterdrückung bei andern, die die Herrschaft von Menschen über Menschen erst möglich macht. Gefahr droht hier aber wohl von beiden Seiten. Eine Neigung, sich einer anerkannten, starken („Führer-")Persönlichkeit freiwillig zu unterwerfen, scheint für den Menschen allgemein recht typisch zu sein. (Und nur insofern ist der Mensch überhaupt ein *„zōon politikón".*) „Es ist schwerer, sich von andern nicht beherrschen zu lassen, als andere zu beherrschen", schrieb einst der Herzog von Larochefoucauld. Der Satz verrät staatsmännische Erfahrung und Menschenkenntnis. Die Versuchung, die Instinktunterdrückung bei andern zur Beherrschung dieser andern zu mißbrauchen, ist jedenfalls immer sehr groß gewesen, wie die Geschichte vieler menschlicher Institutionen beweist. Von hier aus ist dann vielleicht der wütende Haß zu erklären, den Anarchisten aller Art, von Max Stirner bis zu Wilhelm Reich und Herbert Marcuse, gegen alles entwickelt haben, was irgendwie nach Askese riecht.

Daraus, daß asketische Fähigkeiten meist in Kinder- und Jugendjahren *anerzogen* werden, dürfen wir keineswegs ohne weiteres schließen, daß Menschen nicht auch ganz *spontan* asketische Neigungen entwickeln könnten.

In der Tat zieht sich eine unverkennbare Neigung zum Triebverzicht und zur Askese wie ein roter Faden durch die Kulturgeschichte der letzten drei- oder viertausend Jahre, in Asien wie in Europa – weniger deutlich in andern Weltgegenden. Dieser immerhin merkwürdige Sachverhalt wird gegenwärtig kaum noch gesehen.

Der heutige Mensch wäre aber zweifellos nicht ausreichend definiert ohne diese seine asketischen Fähigkeiten und Möglichkeiten. Sie haben sich im Lauf der Jahrhunderte und in verschiedenen Kulturen in ganz unterschiedlicher Stärke manifestiert. Zeitweise waren sie kaum wahrnehmbar, dann wieder traten sie in geradezu krankhaft-epidemischer Form auf. Man denke an bestimmte Praktiken der Eremiten und Säulenheiligen in der Thebais oder in Syrien, an die Manichäer und Gnostiker, an gewisse Erscheinungen im mittelalterlichen Mönchswesen, an die Katharer und Skopzen – von ähnlichen Erscheinungen im Bereich des Hinduismus, Buddhismus oder Taoismus gar nicht zu reden.

Der buddhistische und später der christliche Mönch, der der „Welt" (das heißt seiner eigenen subcorticalen Verhaltensstruktur) zugunsten frommer und „reiner" Kontemplation entsagt; Sokrates, der es in seinem Prozeß bewußt darauf anlegt, zum Tod verurteilt zu werden; der spätantike Stoiker, der in ausweglower Situation gelassen den Freitod wählt; Jesus von Nazareth, der sich ohne Widerstand gefangennehmen, foltern und qualvoll töten läßt und seinen

Peinigern ausdrücklich verzeiht; der Soldat, der sich über die krepierende Handgranate wirft, um die umstehenden Kameraden zu retten: sie alle handeln nach Regeln, die von einem eigentlich zu erwartenden, nämlich instinktkonformen Verhalten beträchtlich abweichen. Vermutlich deshalb, weil wir – mit pädagogischer Absicht – von klein auf von solchen, wenn schon recht seltenen Ereignissen zu hören bekommen, wird uns das ganz und gar Außergewöhnliche dieser Verhaltensweisen nicht mehr so recht bewußt. Jedem, der den Menschen als Instinktwesen zu kennen glaubt, müssen seine asketischen Neigungen rätselhaft erscheinen. So hat man sie prompt meist höheren Mächten zugeschrieben. Aber unbeschadet solchen etwaigen metaphysischen Anspruchs (der ja weder bewiesen noch ausgeschlossen werden kann) ist, wie dargelegt, die Fähigkeit des Menschen zum *Neinsagen* auch schon in seiner morphologischen, physiologischen und ethologischen Struktur enthalten. Die Hirnrinde ist nun einmal unser spezifisch menschliches Organ, mithilfe dessen sich die Hemmung von Instinktreaktionen – auch ohne metaphysischen Appell – regelrecht „trainieren" läßt. So ist durchaus eine unbeschwerte und vielleicht sogar lustbetonte Askese vorstellbar, die auf ihre schon erreichte Fähigkeit zum Neinsagen, auf ihre so gewonnene Freiheit vom Instinktzwang ausdrücklich stolz ist und die es daher nicht mehr nötig hat, die so beherrschbar gewordenen „tierischen" Triebe zu degradieren und zu verteufeln. Das haben einige fernöstliche religiöse Denker bisher anscheinend besser erfaßt als vorderasiatische oder abendländische, – die denn auch mit der typisch menschlichen Heteronomie zwischen Animalität und Erkenntnis bis heute nicht recht fertiggeworden sind.

Askese und Erkenntnis

Im Rückblick scheint es so, als habe die in den letzten zweieinhalb Jahrtausenden fast ausschließlich *moralische* Interpretation der Instinkthemmung und der asketischen Lebenshaltung deren eminente *anthropologische* Bedeutung bis heute eher verdunkelt als erhellt. Die *bewußte und freiwillige Askese* – die vermutlich qualitativ etwas anderes ist als die erzwungene – ist unter ethologischem Aspekt, noch diesseits und vor aller Moral, bisher so gut wie nicht bedacht.

Anthropologisch gesehen kommt es vermutlich mehr auf das Neinsagenkönnen und das Neinsagen im *Einzelfall* an als auf eine generelle Askese. Wichtiger als eine radikale Absage an die „Welt" oder an die animalische Natur des Menschen dürfte der mögliche „geistige Gewinn" aus dem jeweils praktizierten Neinsagen sein. Manches spricht sogar dafür, daß eine lebenslang eingehaltene, strenge Askese den Asketen eher zum Neurotiker macht oder verdummt, als daß sie ihn geistig erhöbe.

Das Nichtreagierenmüssen auf bestimmte („Auslöse"-)Situationen ist eine besondere Eigentümlichkeit des cortical gesteuerten Lebewesens Mensch. Es ist vermutlich sogar die eigentliche *Conditio humana*. Auf lange Sicht ist diese Fähigkeit vielleicht auch wichtiger als der oft stark überschätzte Werkzeug-Gebrauch und mit ihm der ganze sogenannte technische Fortschritt. Dieser mag allenfalls eine Voraussetzung sein für die jüngste Phase der menschlichen Evolution, für die Entwicklung zum naturfernen Zivilisationsmenschen, wie wir ihn heute kennen. Er stellt jedoch wohl kaum das eigentliche Ziel und den Zweck dieser Evolution dar, wie das heute oft behauptet wird.

Mit solchen Vorstellungen ist man dann nicht mehr weit entfernt von den Thesen des Philosophen Max Scheler (1874–1928), der Mensch sei der „Neinsagenkönner" schlechthin unter den Lebewesen. Mit der corticalen Hemmung hätten wir hier sozusagen das organische Substrat für die Schelersche These geliefert. Er selbst als „Phänomenologe" dachte dabei nicht so konkret in biologischen Fakten. Umso überzeugender, wenn seine „phänomenologische Wesensschau" sich im Ergebnis so weitgehend deckt mit biologischen Befunden.

Die Übereinstimmung ist dann allerdings doch nicht vollkommen. Ähnlich wie vor ihm Friedrich Nietzsche, der einmal sagte, „Geist" sei „Leben, das sich ins eigene Fleisch schneidet", und nicht sehr viel anders als Ludwig Klages, der in seinem Hauptwerk „Der Geist als Widersacher der Seele" meinte, „Geist" sei etwas Unlebendiges, ja Lebensfeindliches, so betonte auch Scheler, daß das Neinsagenkönnen, der „asketische Akt der Entwirklichung", veranlaßt durch etwas, das auch er „Geist" nennt, „ein allem Leben entgegengesetztes Prinzip" sei. Hier irrte sich Scheler fundamental, ähnlich wie zu gleicher Zeit Klages.

Die corticale Hemmung typisch „animalischer" Lebensäußerungen, wie wir sie hier als reale Leistung des Neuhirns darzustellen versucht haben, ist ja keineswegs *allem* Leben entgegengesetzt, auch wenn sie offenbar einige mächtige vitale Impulse unterdrückt und deshalb oft deutlich unlustbetont empfunden wird. Zweifellos gibt es aber außer den „animalischen" auch noch andere Manifestationen des Lebens.

Die auffallend selektive Reduzierung des ursprünglich-*animalischen* Verhaltensbereiches und dann dessen Substitution durch bewußte oder (wenn man will) „geistige" Neuhirnfunktionen stellt zwar ohne Frage ein sehr andersartiges Prinzip dar als alles, was bis dahin in der gesamten lebendigen Welt in Hunderten von Jahrmillionen praktiziert worden ist. Es ist aber doch immer noch eindeutig ein Prinzip des *Lebens* und nicht des Widerlebendigen oder gar des Todes. Auch die in der Evolution der Hominiden neu hinzugekommene Funktion des Neocortex gehört zunächst ja noch dem biologischen Bereich an, also der Welt des Lebendigen. Das, was man „geistig" zu nennen gewohnt ist, ist vermutlich nur eine andere, sublimere und offenbar nicht mehr unbedingt an Materie gebundene Form des Lebens oder des Seins.

Ein sinnvoll und mit Maßen praktiziertes Neinsagenkönnen hätte es vermutlich nicht mehr nötig, das Animalische im Menschen zu verachten, ja zu verteufeln, sondern könnte es gelassen als legitimen Teil unserer Existenz respektieren. Denn ein gänzliches Aufgeben des animalischen Daseins-Stils wäre für den Homo sapiens vorläufig weder möglich noch wünschbar; noch für unabsehbar lange Zeit wird er animalischer Lebensformen bedürfen, um zu leben und zu überleben.

Wenn aber eine – wie immer motivierte – zeitweilige Askese wirklich dazu helfen könnte, „Geistiges" im Mensch freizusetzen, wie es nach allem Gesagten doch den Anschein hat, dann müßte die asketische Praxis sehr wohl eine Erweiterung und Bereicherung der menschlichen Möglichkeiten bewirken können. So dürfte der Verlust an animalischer Lebensfülle aufgewogen werden.

Für den Gang der menschlichen Evolution insgesamt ist es darüber hinaus vielleicht nicht ganz gleichgültig, wie jeder einzelne von uns in seinem kurzen Erdendasein sich konkret verhält: ob wir das überwiegend im Sinn der mutmaßlichen Evolutionstendenz, also im Sinn einer fortschreitenden Verhirnung tun, oder ob wir uns mit einem behaglichen animalischen Dahindämmern – nach Art unserer freundlichen Vettern im Urwald – begnügen. Die Summe aller im Leben so getroffenen ethologischen Entscheidungen – das Wort „Ethos" hier bewußt im Doppelsinn von „Verhalten" und „Moral" gebraucht – bei Millionen von Menschen auf diesem Planeten könnte, so winzig ihr Effekt im einzelnen auch gedacht werden müßte, vielleicht doch Auswirkungen auf den gesamten humanen Evolutionsprozeß haben.

Mit diesem für einen Mediziner und Biologen etwas unüblichen Gedanken, der aber so etwas wie eine „anthropologische Ethik" einleiten könnte, sind jedoch die Grenzen einer überwiegend naturwissenschaftlichen Betrachtung bereits überschritten.

Literatur

Aristoteles: Nikomachische Ethik. Hrsg. von G. Bien. Meiner Verlag, Hamburg 1972.
Bilz, Rudolf: Pars pro toto. Joh. Ambr. Barth Verlag, Leipzig 1941.
Creutzfeldt, Otto D.: Cortex cerebri. Leistung, strukturelle und funktionelle Organisation der Hirnrinde. Springer Verlag, Berlin – Heidelberg – New York 1983.
Darwin, Charles R.: The Expression of the Emotions in Man and Animals. London 1872. – Dtsch.: Der Ausdruck der Gemütsbewegungen bei Mensch und Tier. Walter Rau, Düsseldorf 1964.
Gehlen, Arnold: Der Mensch, 10. Aufl. Athenaion, Frankfurt 1974.
Hayek, Friedrich A. v.: Die drei Quellen menschlicher Werte. Dtsch. v. Hertha Bosch. J. C. B. Mohr, Tübingen 1979.
Herder, Johann G.: Ideen zur Philosophie der Geschichte der Menschheit. Weimar 1784.
Homer: Odyssee XII, 165–200.
Huber, Richard: Animalisation oder Cerebralisation. Freiburger Universitätsblätter *20,* 15–25, Heft 72, (1981).
Huber, Richard: Das kindliche Un-Tier. Selecta-Verlag, Planegg 1983.
Jackson, John Hughling: Selected Writings. 2 Vol. 1931. Neudruck: Basic Books Inc. New York 1958
Klages, Ludwig: Ausdrucksbewegung und Gestaltungskraft. Joh. Ambrosius Barth Verlag, Leipzig 1923.
Klages, Ludwig: Der Geist als Widersacher der Seele. 3 Bde. Joh. Ambrosius Barth Verlag, Leipzig 1929/32.
Köhler, Wolfgang: Intelligenzprüfungen an Anthropoiden. I., S. 184ff. In: Abhandlungen d. königl.-preuß. Akademie d. Wissenschaften. Georg Reimer, Berlin 1917.
Lao Tse (Po Yang): Tao Tê King. Übers. v. Victor v. Strauß. Manesse Verlag, Zürich o.J.
Lethmate, Jürgen: Problemlöseverhalten von Orang Utans (Pongo Pygmaeus). Paul Parey, Hamburg 1977.
Lorenz, Konrad: Das sogenannte Böse. Borotha-Schoeler Verlag, Wien 1963
Mohr, Hans: Biologische Grenzen des Menschen. In: Evolution in der Freiheit. Hrsg. v. Wolfgang Böhme. Evangelische Akademie Baden, Karlsruhe 1984.
Mohr, Hans: Ethik in der Biologie: In: Lexikon der Biologie, Bd. 3, S. 192–195 Verlag Herder, Freiburg 1984.
Nietzsche, Friedrich: Werke. Hrsg. v. Karl Schlechta. Hanser, München 1966.
Otto, Walter F.: Epikur. Ernst Klett Verlag, Stuttgart 1975.
Pohlenz, Max: Stoa und Stoiker. Artemis Verlag, Zürich 1964.
Probst, Peter: Der „gehemmte" Mensch. Philosoph. Jahrbuch *91,* 391–99. Karl Alber Verlag, Freiburg – München 1984.
Rothacker, Erich: Die Schichten der Persönlichkeit. Joh. Ambrosius Barth Verlag, Leipzig 1938.
Scheler, Max: Die Stellung des Menschen im Kosmos. Otto Reichl Verlag, Darmstadt 1928.

FRANZ VONESSEN

Vom Sinn der Askese

Unüberwindlich, wie jede Banalerklärung, ist die Behauptung, Askese sei nichts als eine besonders komplizierte oder gar verschrobene Abart der Selbstliebe. Den Asketen befriedige und erwärme die Versagung nicht minder als den Genießer die Lust; ja, der Verzicht bereite ihm so ziemlich dasselbe Vergnügen wie einem Zecher das Trinken.
Man möchte das Mißverstehen, das solche Äußerungen hervorbringt, auf der Hand liegend nennen. Aber wie soll man mit Menschen reden, die nicht einmal zugeben, daß *Selbstbeherrschung* mit den Sehnsüchten des „geistlosen, sanftlebenden Fleisches" nicht auf gemeinsamen Nenner gebracht werden kann?! Falls es tatsächlich Asketen geben sollte, für die die Versagung ein Selbstzweck – das heißt, eine Art von Selbstbefriedigung – wäre, die also, wie es Nietzsche zufolge nicht selten vorkommt, „die Askese... aus einem verschmitzten Epicureismus gewählt" hätten, so müßten sie merkwürdig sein, und es dürfte kaum anders mit ihnen stehen als mit jenen Muskelmännern, die sich zur Prämierung ausstellen. Diese haben ja ihre Muskeln in der Tat nur um der Muskeln, um des Vorzeigens willen, nicht um etwas Einzigartiges mit ihnen zu leisten. Jedenfalls hat man noch niemals gehört, daß sie irgendein besonderes Werk, sei es sportlich oder beruflich, vollbracht hätten; im Ernstfall kann man sie weder als Möbelpacker noch als Preisboxer brauchen. Es ist also nur der schöne Schein von

Kraft, und das Treuherzige ihrer Eitelkeit, was ihrer Männlichkeit den gewissen, ärmlichen Glanz gibt.

Askese um der Askese willen? Versteh' es und treib' es, wer mag, aber echt ist es nicht! Die Vergleiche, die man, wie wir noch sehen werden, von jeher zur Erklärung der Askese benutzt hat, sind die *Kunst* und der *Sport*. Aber seltsam, während die Meinung, Kunst sei um der Kunst willen, unausrottbar zu sein scheint, jedenfalls nicht erst von den Verfechtern der *l'art-pour-l'art*-Parole erfunden wurde, sondern geschichtlich in immer neuen Verkleidungen auftaucht, käme kein Sportsmann auf den Gedanken, er trainiere nur um des Trainings willen, er übe nur, um sich zu üben. Wenn wir, um einen ersten Zugang zur Sache zu finden, den Künstler in seiner Analogie zum Asketen betrachten, dann, stellt sich die Frage, was ein Asket für Absichten haben könnte, ganz anders. Dem Asketen geht es so wenig um die Versagung, wie dem Künstler – dem wahren, versteht sich! – um Kunst. Freilich liegen hier Irrtümer nahe, und seit sie das Herrschende sind, hat die Weisheit der Sprache jene Männer, die bei Dürer noch *Kunstner* oder *Künstner* hießen, mit der gleichen verächtlichen Verkleinerung zu Künst*ler*n gemacht, mit der sie auch die Wissenschaft*ler* gestraft hat. Wer das Mittel zum Zweck macht, ist eben niedrig zu schätzen! Ein wahrer Künstler – man erlaube mir, ihn mit der älteren Sprache Künstner zu nennen – hat nicht die Absicht, „Kunst zu machen"; er plant nicht, „künstlerische Ideen zu realisieren", oder was der Mißverständnisse über das Kunstschaffen mehr sind. Sondern was er will, ist von anderer Art – und ist mehr. Woran er denkt, ist sein *Werk*, und das soll so gut wie möglich, mit aller *Kunst*, und das heißt wörtlich: mit allem Können, gemacht werden. Darein setzt er alle Kraft, die er hat.

Im übrigen läßt sich auch sagen, von welcher Art das Kunstwerk seinem Wesen nach ist. In Bezug auf alles, was wir groß nennen können, geht es zuerst – und zuletzt! – um Erkenntnis. Und die Kunst, das Können, die Meisterschaft, von der man zu sprechen pflegt, liegt in der Unbedingtheit dieses *einzigen* Willens, der ganz in sich *selbst* steht, der ganz ohne Nebenzwecke gedacht werden kann. Die Kraft und den Ernst, die der Künstner aufwendet, um auf seine Weise und mit seinen Mitteln Erkenntnis zu schaffen – etwa um die Wahrheit eines Gesichts im Portrait herauszuarbeiten, um das Unsichtbare, das er im Blick hat, auch für andere Augen sichtbar zu machen – die nennen wir Kunst. Ich bedaure es aufrichtig, daß ich mit dieser Unterscheidung die meisten jener dreißigtausend Mitglieder der staatlich verordneten Pflichtversicherung für Künstler in ihrem Selbstverständnis beleidigen werde. Jedoch es ist wahr, daß ein Maler, der nicht nur ein gutes Portrait, sondern außerdem Kunst machen möchte, gar nicht anders könnte, als sich im Schielen zu üben. Denn er müßte, ob er will oder nicht, zwei verschiedene Ziele gleichzeitig ansteuern. Und da das niemand kann, läßt er sich eben doch vom „richtigen" Auge führen und kommt – zwar nicht bei der Kunst, wohl aber bei einem Butterbrot an, dessen handfestes Wesen infolge wohlgeübten Augenverdrehens mit einem zarten Glanz überzogen – ja, förmlich vergeistigt erscheint.

Woher stammt aber nur der logisch schwer verständliche Einfall, der uns glauben läßt, daß Kunst zur Zielsetzung taugt? Mir scheint (und diese Antwort gilt für alle Fälle, die wir durchdenken müssen), daß in der Froschperspektive des gewöhnlichen Menschen die Mittel und Zwecke der Großen sich so hinter einander schieben, daß das eine das andere zudeckt. So entsteht der Anschein, als sei beides nur eines; denn die Zwecke großen Handelns und Wollens bleiben verborgen oder entziehen sich einer Aufmerksamkeit, die gefesselt wird von den unerwarteten, großartigen, augenfälligen Mitteln. Und gerade hier liegt der Punkt, wo sich Asket und Künstler vergleichen. Dem wahren Asketen, sagte ich, geht es so wenig um den Verzicht, wie dem Künstner um Kunst; aber die Entartung beider Absichten, die uns im Jahrmarkt-Yogi und im Afterkünstler begegnen, besteht gerade darin, daß das Mittel zum Zweck wird. Nehmen wir, um das Problem zu verdeutlichen, statt des Malers den Dichter. Wenn einem Dichter ein schönes „Bild", eine gute Metapher gelingt, so war seine Absicht natürlich nicht die Metapher, sondern die Erhellung der Wirklichkeit, die durch das dichterische Bild an einer bestimmten Stelle oder in bestimmter Hinsicht neu beleuchtet und insofern einsichtig wird. Jedenfalls schwelgt der Dichter nicht in Bildern, höchstens in Einsichten; aber in Wahrheit schwelgt er überhaupt nicht, sondern hält sich zurück. Eine „heilige Nüchternheit" läßt ihn auf manches „berauschend schöne Bild" verzichten, weil es eben nicht um den Rausch geht, sondern um eine Erkenntnis. Und falls Erkenntnis berauschen sollte, so wäre das Folge, war aber nicht das Erstrebte, nicht das Ziel.

Mit anderen Worten: Metaphern sind so streng wie Begriffe. Demnach ist es ganz konsequent, daß ein so großer und groß reflektierender Autor wie H. v. Doderer von der „metaphorischen Heiligkeit" des Schriftstellers spricht. Was diese Metapher meint, sollte klar sein: oft muß man zehn falsche, trügliche Bilder als solche durchschaut und verworfen haben, ehe sich das eine, wahrhaft treffende einstellt. Und in Bezug auf diese „sprachliche Heiligkeit" erklärt Doderer, daß sich die Straße des Autors „mit der des Mönchs, ja sogar mit der des Heiligen" ein Stück weit „deckt" (Tangenten, S. 15).

Wir haben Asket und Künstler verglichen. Nun zeigt sich, daß die Kunst ihrerseits sich mit Hilfe der Askese, durch den Vergleich mit Monasterium und Heiligkeit, zu begreifen versucht. In der Tat erreichen wir jetzt erst den vollen Begriff der Askese. Am *Extremfall des Heiligen* läßt sich am sichersten zeigen, daß Askese, richtig verstanden, sich wirklich nicht selbst meinen kann, daß sie immer *ein größeres Ziel* hat. Es hat lediglich den Rang eines erbaulichen Unterhaltungsromans, wenn von gewissen Heiligen kurzum erklärt wird, sie hätten eines Tages das Ideal der Heiligkeit ins Auge gefaßt. Da der Asket seinem Wesen und seiner Haltung nach an den Begriff des Heiligen reicht, haben wir

Grund, gerade diesen Punkt sehr wichtig zu nehmen. Einen Heiligen, der das Ziel hätte, heilig zu sein, müßte man wohl einen „seltsamen Heiligen" nennen. Jedenfalls gehört eine ganz schön kleinliche Denkart dazu, in dieser Art von menschlicher Größe zu denken. Ein Gernegroß mag sich entschließen, den Rang der Größe erreichen zu wollen (was ihm freilich nicht, es sei denn in Form von Täuschung, und zwar am meisten seiner selber, gelingt). Aber nur ein üppiger Heuchler entschließt sich zum Heiligenschein. Der Heilige will gerade nicht „heiligmäßig" leben; sondern heilig ist er darum, weil sein Handeln von der Gottesliebe bestimmt ist, nicht von dem Glanz, der vom Bild der Heiligkeit ausgeht.

Man sieht: trotz einer mehr als zweitausendjährigen Platonforschung gibt es über den Unterschied von Idee und (täuschend ähnlichem) Abbild keine genügende Klarheit. Die folgenden Überlegungen mögen dazu beitragen, der Klärung wenigstens einen kleinen Schritt näherzukommen.

Die Askese des Athleten

Gehen wir zunächst auf die Grundbedeutung des Wortes Askese zurück. Schon die ausdrücklich festgehaltene Beachtung des Wortsinns genügt, um gewisse Irrtümer über das Wesen der Sache unmöglich zu machen. Das griechische Wort *áskesis* meint nicht „freiwillige Entbehrung", Verzicht, sondern *Übung*, und diese Wortbedeutung ist nicht etwa überholt, begriffsgeschichtlich vergangen, sondern noch immer verbindlich; nur sie gibt den Schlüssel zum Verständnis der Sache anhand. Wenn die Lexika sagen, Askese sei „Streben nach Vollkommenheit durch freiwillige Einschränkung von Essen, Trinken, Schlaf usw.", oder, sie bezeichne „ein Leben freiwilliger Entbehrung", so gehen sie am Wesentlichen vorbei und verstellen den Zugang zur Sache in genau der Weise, die ich schon kritisiert habe: sie lassen die Sache so aussehen, daß Mittel und

Zweck verwechselbar werden. Denn wieso, ist zu fragen, macht Entbehrung vollkommen? Ist denn ein Mensch nur dann am Ziel, wenn ihm die Rippen heraustreten? Ist nicht im Gegenteil, so möchte man ironisch zurückfragen, das Vollkommene rund?! Wir heben die Befremdlichkeit, die der Begriff der Askese für den Anbeter der Luxuria, der Üppigkeit, hat, am sichersten auf, indem wir das Wort – zwar unschön, aber derzeit unmißverständlich – durch den Ausdruck *Training* ersetzen, so wie es die neueste Übersetzung einer den Begriff besonders gut erhellenden Passage aus Platons Gesetzen tatsächlich tut. Platon nennt dort mehrere Olympiasieger des fünften Jahrhunderts, also einer auch für ihn schon längst vergangenen Zeit – unter anderen Krison, den Wettlaufsieger der Jahre 448, 444 und 440 vor Christus. Was Platon uns über diese, schon damals legendären Sieger-Helden sagt, kommt im Zusammenhang einer Untersuchung des Begriffs der Askese zu Wort (839 d – 840 b, Übers. in Anlehnung an Schöpsdau):

Der Athener: Daß es um nichts Übermenschliches geht, sondern um etwas Erreichbares – soll ich versuchen, euch dafür ein Argument vorzutragen, dem es an Beweiskraft nicht fehlt?
Kleinias: Aber ja.
Athener: Nun, wem wird es wohl leichter fallen, sich des Liebesgenusses zu enthalten und bereit zu sein, sich den darauf bezüglichen Vorschriften mit Beherrschung zu fügen: einer der körperlich in guter Verfassung ist und die gymnastischen Übungen nicht versäumt hat, oder einer, der in schlechtem Zustand ist?
Kleinias: Weit eher doch wohl der, der nicht ungeübt ist.
Athener: Wissen wir nun aber nicht vom Hörensagen, daß Ikkos aus Tarent eine solche Beherrschung zeigte um des Wettkampfs zu Olympia und der anderen Wettkämpfe willen? Weil er in diesen Kämpfen siegen wollte und nicht nur die entsprechende Technik, sondern auch die mit besonnener Mäßigung verbundene Tapferkeit in sei-

ner Seele besaß, hat er, wie erzählt wird, während der
ganzen Zeit seines harten Trainings niemals eine Frau
noch gar einen Knaben angerührt. Und auch von Krison,
Astylos, Diopompos und sehr vielen anderen geht die-
selbe Kunde. Und doch waren sie im Vergleich zu meinen und deinen Mitbürgern, Kleinias (nämlich den
Bürgern des Staates, über dessen Gründung die Ge-
sprächspartner ratschlagen. Vn.), seelisch bedeutend
schlechter erzogen, während ihr Körper von Lebenskraft
strotzte.

Kleinias: Du hast recht! Die Alten haben von diesen Athleten ausdrücklich berichtet, daß es sich damals wirklich so
verhielt.

Diese Ausführung macht etwas Wichtiges klar. Der Sportsmann trainiert, wie wir sagten, nicht um des Trainings willen, sondern wegen des Sieges. Aber das richtige Training
besteht nicht bloß im Üben gewisser, isolierter Muskelpar-
tien. Der gute Läufer trainiert nicht etwa nur seine Beine;
sondern eine Reihe von Entschlüssen und Entsagungen
kommt noch hinzu, ohne die das Training nicht seinen Namen verdiente. Morgens sich quälen und abends sich gehen
lassen – eine solche Trainingsmethode wäre lächerlich und
käme zu keinem Erfolg. Nur bei Beherrschung aller möglichen – wirklich: „aller möglichen" – Schwächen ist
Höchstleistung denkbar. Die Kräfte tags zu trainieren, um
sie nachts zu vergeuden: das wäre keine Vorbereitung auf
den Sieg, sondern ein Penelope-Werk. Selbst der Gour-
mand fastet gern ein paar Stunden, um alle Kräfte des Appetits zu versammeln. Demnach ist davon auszugehen, daß
kein Training mit Glockenschlag endet. Das richtige Üben
hört nicht auf bis zum Sieg.

Natürlich muß dieser Sieg nicht unbedingt sportlicher Art
sein. Auch der Geigenspieler muß, um die Wirkung seines
Übens nicht aufzuheben, sich ständig manches versagen:
jeder weiß, daß ein Violinvirtuose hoffnungslos daran
wäre, wenn er gleichzeitig einer Feierabendbeschäftigung

nachginge, die der Feinnervigkeit seiner Finger abträglich ist. Triebe er, etwa „zum Ausgleich", einen Kraftsport, dann hätte das in Wahrheit keine andere Folge, als der zuvor in mühsamer Arbeit am Instrument erzielten Wirkung entgegenzuwirken: nämlich dem Erfolg, Hände und Finger so sensibel und – feinbeweglich wie möglich zu machen.
Daß die Selbstbeherrschung, die zur Hochleistung notwendig ist, öfter als mit dem Verzicht auf Schwerathletik mit dem auf Annehmlichkeiten und Freuden, vor allem Liebesfreuden, zu tun hat, ist auch dem Laien nicht fremd. Nur werden aus diesem Wissen nicht mehr die richtigen Schlüsse gezogen. So erklärt sich der Satz, der eine der schönsten „Fabeln des Eros" von Albert Paris Gütersloh aufschließt. Unter dem Titel „Bekehrung" schildert der Dichter einen Schriftsteller, der eine Seiltänzerin kennenlernt und sie bewegen will, die Nacht mit ihm zu verbringen. Da stellt ihm diese „die verfängliche Frage": *„Was für einen Beruf haben Sie eigentlich, der Ihnen erlaubt, zu lieben?"* „Verfänglich" nennt der Dichter die Frage, weil sie von einer bloß so genannten Künstlerin, einer Dame vom Varieté, einem „echten Künstler", dem Literaten gestellt wird: Kannst du dir deine Schwächen wirklich besser leisten als ich? Die Seilakrobatin, sagt Gütersloh, „mußte wissen, woran sie war, denn ihre zweidimensionale Existenz, die sich kunstvoll auf der Höhe des Seiles hielt, hatte keine andere Möglichkeit und Zukunft als den leiblichen Sturz in die Tiefe, als den Verlust der Unschuld und des Lebens an einem einzigen Tag." Aber kann der Dichter es sich erlauben, „nach getaner Arbeit" ein Spießbürgerleben zu führen und, wenn der Abend naht, die Rolle des Schriftstellers mit der eines miesen kleinen Lebemanns zu vertauschen?
Gütersloh hat die Antwort auf diese Frage natürlich nicht eigens gegeben, weil die richtig gestellte Frage ja selbst schon die Antwort enthält. Aber sein Freund, H. v. Doderer, hat sie an anderer Stelle – so gut wie wörtlich – ausformuliert. In seinen „Commentarii" findet sich unter dem 23. Dezember 1951 folgende Eintragung: „Es gibt Zimmer,

in denen ich sehr viel geschrieben habe – im Atelier Buchfeldgasse gleich zwei ganze Romane. Aber dies Beginnen und Endigen ist ein mindrer Zustand, verglichen mit dem immerwährenden Schreiben des wirklichen Schriftstellers. Wir vermeinten, außerdem auf ‚Leben' Anspruch zu haben; das war Unsinn; fast ein so großer Unsinn, wie ‚primum vivere etc.' Die Wahrheit lautet: scribendo vivere et non ultra".

Die Kategorie des Verzichts

Inzwischen haben wir die Grenzen des Vergleichs, der zwischen dem Training des Sportsmannes und einem Leben in ständiger Wachheit besteht, schon weit überschritten. Der Sportler übt während Jahren oder wenigstens Monaten, damit im entscheidenden Augenblick der „große Wurf" nicht mißlingt. Er trainiert auf den Ernstfall, der irgendwann kommt und, punktuell genommen, nur Sekunden oder Minuten lang dauert. Daneben aber gibt es einen Ernst, der ständige Gegenwart ist. Wenn Gütersloh diesen vom Dichter verlangte, dann sah er dessen Aufgabe natürlich nicht „rein künstlerisch", sondern viel umfassender, nämlich moralisch. In der Tat: moralisch gesehen, hört der Ernstfall nie auf, und am ernstesten ist die Lage offenbar dort, wo man glaubt, daß die Phasen des Ernstes, des Berufes, der Arbeit wenigstens zu gewissen Stunden durch Unernst – Spiel, Spaß und Feierabend – unterbrochen sein müßten. Wirklich sind für sehr viele Menschen die moralischen Probleme des Feierabends viel größer als die des Berufs. Das hängt mit dem zusammen, was man heute *Selbstverwirklichung* nennt. Diese glaubt man vor allem in Form des Vergnügens, des „sich-so-wie-man-eben-ist-Gehenlassens", zu finden. Aber falls es sich um die Verwirklichung des *Besten* im Menschen, nicht um die der niedrigsten und trägsten Instinkte, handelt, ist klar, daß die moralische Selbstfindung ihre schwersten Aufgaben dort hat, wo eben diesen Instink-

ten der Zügel, „verdienter Erholung wegen", gelockert wird – wo das Publikum der ganzen Welt in schöner Eintracht den Ernst des Lebens für beendet erklärt.
Die oben zitierten Ausführungen Platons über Askese haben – ich füge hinzu: natürlich – noch eine Fortsetzung; denn es versteht sich, daß die Athletik für Platon nur einen Vergleichspunkt zum Verständnis der wahren Askese abgeben konnte. Im Vollsinn des Wortes ist die Askese nicht die des Olympiakämpfers; denn diesem geht es lediglich um die Beherrschung des Körpers, und wenn er dennoch auch Tugenden, Besonnenheit und Tapferkeit, ausbildet, so tut er dies nur dem Körper, nicht sich selbst, seiner Seele, zuliebe. – Nachdem Kleinias den Ausführungen des Atheners zugestimmt und betont hat, daß auch ihm die Berichte über das verzichtreiche Leben jener berühmten Olympioniken bekannt sind, fährt der Text fort:

Athener: Wie nun? Diese brachten es also über sich, wegen des Sieges in Ringkampf, Wettlauf und dergleichen auf einen Genuß zu verzichten, den die Menge für die Glückseligkeit selbst hält – und da sollten unsere Kinder nicht fähig sein, sich selbst zu beherrschen, wo es um einen Sieg geht, der weit herrlicher ist, und den wir ihnen von kleinauf als den schönsten priesen in Mythen wie in Gedichten und Liedern, die nicht verfehlen werden, sie wie durch Zauber zu zähmen?!
Kleinias: Welchen Sieg?
Athener: Den Sieg über die Lust. Wer ihrer Herr wird, hat ein glückliches Leben, aber wer ihr unterliegt, ganz entgegengesetzt" (840 bc).

Worauf Platon hier deutet, ergibt sich aus Darlegungen, die im Texte voraufgingen. Im ersten Buch der „Gesetze" ist ausgeführt, daß es der Tapferkeit auch zum Kampf gegen die Sehnsüchte, Begierden und Triebe bedarf – und gegen jene gefährlichen Schmeichelkünste der Lust, die die Seele des Menschen weich wie Wachs werden lassen, so daß die

Umstände sie verbiegen können bis zur Unkenntlichkeit ihrer wahren Gestalt (633 d). Diese Gefahr nennt Platon überaus groß – um so mehr, als sie von schlecht erzogenen Menschen gar nicht erkannt wird. Diese glauben wohl gar, sie „verwirklichen sich", indem sie sich gehen lassen, und zwar dahin gehen lassen, wohin das jeweils gerade herrschende, sie beherrschende, Lustbedürfnis sie treibt. Aber *Aus*-leben und *Leben* sind nicht dasselbe; im Gegenteil ist das eine dem anderen feind.

Diese Tatsache würde auch Nietzsche, dieser große Verächter der Askese, uns zugeben; denn natürlich hatte er bei seinem Widerwillen gegen die „Festfreude... im grausamen Blicke des Asketen", der „seinem Gotte die stärksten Instinkte" opferte, die er besaß, nämlich „seine ‚Natur'" (Jens. v. Gut u. Böse Nr. 55), nur die falsche Askese, die ihren Zweck in sich selbst sucht, die das Leben verachtet, im Sinn. Aber Sätze wie die im Brief an Heinrich von Stein (Dez. 1882) beweisen doch, wie fest sich dieser Gedanke in ihm gesetzt hatte:

„Man gewinnt etwas lieb: und kaum ist es einem von Grund aus lieb geworden, so sagt der Tyrann in uns (den wir gar zu gerne ›unser höheres Selbst‹ nennen möchten): ›Gerade *das* gib mir zum Opfer‹. Und wir geben's auch – aber es ist Tierquälerei dabei und Verbranntwerden mit langsamem Feuer."

Natürlich sagen diese Sätze wenig über Askese, viel über den Schreiber. Aber um so nötiger ist es, daran zu erinnern, daß Nietzsche seinen Zarathustra dennoch als großen Asketen beschreibt, der um des Lebens und um des Übermenschen willen nicht nur Verzicht aller Art übt, sondern sogar den Untergang wählt. Demnach ist seine Haltung, hier wie in vielen anderen Punkten, sehr widersprüchlich; immerhin könnte man entschuldigend sagen, daß es einem Menschen seinerzeit wirklich schwer fallen mußte, das Ideal der Askese hinter den zeitbedingten, religiösen Verfälschungen noch in den Blick zu bekommen.

Wie dieses Ideal unverfälscht aussah, kann nur ein Autor

uns lehren, der den Absichten der Askese näher stand als
ein Pfarrerssohn des letzten Jahrhunderts.

Das Ideal der Selbstbeherrschung

Der „Cherubinische Wandersmann" von Angelus Silesius
bietet unter der Überschrift „Von Johannes dem Täufer"
folgenden Vers (IV 93):

Johannes aß fast nichts, er trug ein rauhes Kleid,
Saß in der Wüstenei die ganze Lebenszeit.
Er war so fromm, was fiel er Gott so hart zu Fuße?
Die größten Heiligen, die tun die größte Buße.

Wie ein heutiger Theologe diese Frage, die der Barockdichter einfach so stehen läßt, beantworten würde, weiß ich
nicht. Ich vermute aber: nicht gut. Denn natürlich wurde
der Spruch nur solange verstanden, wie das Christentum,
seinem Wesen gemäß, eine asketische Religion war. Heute
ist es das nicht mehr. Heute wird das Mittel, die Übung, Askese, so angesehen, als hätte es seinen Zweck in sich selbst,
und dann triumphiert natürlich die „positivere Lebensauffassung" des Aufgeklärten über einen solchen, vermeintlich
veralteten Obskurantismus. (In ähnlichem Zusammenhang
hat Reinhold Schneider bemerkt: „Natürlich kann mich ein
jeder Konviktschüler mit frohem Gruß widerlegen".)
Um so mehr liegt daran, dem modernen Mißverstehen entgegenzuhalten, was rechtverstandener Askese ihren hohen
und lebenswichtigen Sinn gibt. Ich nehme die Antwort
nicht, wie es möglich wäre, aus der Theologie der Kirchenväter, sondern gebe sie nach der ältesten antiken, also
„heidnischen" Lehre. Gerade diese kann zeigen, wie lebenfördernd und lebenmehrend Askese anfangs gemeint war,
und daß Nietzsche, wenn er nur vom Apollinischen und
Dionysischen mehr verstanden hätte, mit ihrem Willen
hätte ganz einig sein können.
Die älteste Asketik, die der antiken Philosophie, ging von

einer ganz anderen Voraussetzung aus, als die ist, mit der wir, naiv und ohne Kraft zu geschichtlichem Denken, die Sache heute betrachten. Für die klassische Philosophie ist das Wesen des Menschen nicht der Leib, auch nicht die Gemeinschaft oder Einheit von Leib und Seele, sondern die *Seele*. Demnach gilt der Körper nicht als „Partner" der Seele, sondern als Instrument, das diese sich für das irdische Leben bereitet und – *anima forma corporis* – vom Moment der Zeugung an so gut wie möglich herzurichten beginnt. Mit der Geburt ist dieser Vorgang ein großes Stück weit gediehen, aber nicht abgeschlossen; die Formung hört bis zum Tode nicht auf. Und sie geschieht, vor allem von dem Zeitpunkt des Reifwerdens und der moralischen Mündigkeit an, durch immer bessere Beherrschung des Körpers, durch seine unaufhörlich weitergehende Formung von Seiten des Bewußtseins und des Willens. Der „irdische" Körper ist (übrigens auch im Sinne der Kirchenväter) jene Erde, die untertan zu machen, des Menschen unverlierbare und allumfassende Lebensaufgabe ist. Demnach erscheint der vernünftige Wille, nicht Knecht sondern Herr des Leibes zu sein, als das menschlichste Streben des Menschen.

Hier ist der Ausgangspunkt der philosophischen Lebenslehre, der ältesten „praktischen Philosophie". Diese lehrt nicht Askese um der Askese willen; sondern Askese wird angeraten, weil sie offenkundig notwendig ist, um das von Natur aus vorgegebene Ziel des Lebens zu erreichen. Das ist, durch die Jahrhunderte hin, nie anders verstanden worden; noch für Fichte ist der Leib das große Aufgabenfeld des sittlichen Lebens. Und natürlich hat auch das Christentum die Zusammenhänge nicht anders gesehen. Darum versteht sich nur von hier aus, was Angelus Silesius sagt. Die „großen Heiligen" haben ihren Rang eben darin, daß sie die größe Beherrschung erreicht haben. Es ist nicht so, daß sie zuerst große Heilige wären und sodann – etwa als Folge ihrer Vollkommenheit – „Buße täten" – wofür denn?! Vielmehr ist es umgekehrt: weil sie die Herrschaft über sich selbst vollkommen verwirklicht haben, also durch „Buße", sind sie heilig geworden!

Das Ziel, griechisch: *télos,* des Menschen ist die volle Herrschaft über sich selbst, über den eigenen Körper, also nicht nur (wie im Falle so manchen Sportlers) über die Muskeln, sondern auch und vor allem über das Triebleben. Dies war der Sinn vermutlich aller Askese; jede andere Absicht erscheint als Entartung. Darüber wäre vieles zu sagen – mehr, als in einer Zeitschrift Platz hat. Hier muß es genug sein, darauf hinzuweisen, daß die rechte Askese – und das heißt jetzt: das unablässige *„Üben"* im Sinne des Strebens nach Selbstbeherrschung – die Grundlage aller Kultur wie auch jener inneren sozialen Wohlordnung ist, deren Realität uns in der unbestimmten, aber lebendig-natürlichen Mehrzahl der Sitten begegnet. Und diese beiden – Kultur und eine politische Wohlordnung, die den Gesetzen vorhergeht und durch sie geschützt werden will – sind um so tragfähiger, je entschiedener und strenger (und nur darum zur Übertragung von Generation auf Generation fähig) die asketische Komponente der Sitten die Lebensführung einer Gesellschaft bestimmt.

Davon ist heute, im Zeitalter des Soziologismus, so gut wie nichts mehr vorhanden. Aber auch für eine Gesellschaft, der der Ruf nach Askese – oder verständlicher ausgedrückt: die Forderung nach etwas mehr Schulung (bzw. „Training") der menschlichsten und also wichtigsten Fähigkeiten des Menschen – reinweg fremdartig klingt, kann das Versprechen, das die Askese enthält, nichts völlig Sinnloses sein; denn es erinnert jeden an eine Möglichkeit seiner selbst, die zwar verschüttet sein mag, aber nicht ganz absterben kann. Ich zitiere einige Sätze Epiktets, der den Sinn der Askese nicht nur an wichtigen Stellen seines Werkes erklärt hat, sondern im Grunde ständig dieses Thema umkreist, wobei es ihm gleich sehr um die Rechtfertigung des Menschen vor sich selbst, vor dem eigenen Bewußtsein, wie vor dem Schöpfer, an den auch die Heiden glaubten, zu tun ist: „Habe den Willen, einmal dir selbst zu gefallen. Habe den

Willen, schön in den Augen Gottes zu sein. Trachte danach, rein vor deinem reinen Gewissen und vor Gott zu stehen" (II 18,19). An anderer Stelle erklärt Epiktet den Sinn des unablässigen, richtigerweise nie zu unterbrechenden Übens. Die Triebe seien für den Willen zur Selbstbeherrschung sehr listige Gegner; darum sei es notwendig, jederzeit wachsam zu sein. Das erinnert an bekannteste christliche Lehre. Aber während es zum Beispiel im 1. Petrusbrief heißt: „Seid nüchtern und wachet, denn euer Widersacher, der Teufel, geht umher wie ein brüllender Löwe und suchet, welchen er verschlinge" (5,8), ist der Gedanke bei Epiktet ganz schlicht und unverbrämt auf eine für jeden erfahrbare Lebenswahrheit gerichtet. Die Klugheit gebiete, für alle Lebensfälle, Unfälle, Überfälle gewappnet zu sein. Aber die meisten Überfälle auf den Menschen kommen nicht von außen, sondern aus ihm selbst – als Triebe und Launen. Aber was auch immer ihn übermannen möchte, stets solle er sagen können: „Darauf war ich vorbereitet, dafür habe ich *geübt*" (III 10).

Auch Werner Jaeger, der seinem großen Werk „Paideia" den Untertitel „Die Formung des griechischen Menschen" gab, hat es weithin unter dem Gesichtspunkt der Selbstformung und Selbsterziehung geschrieben. Das heißt, er hatte gerade die Frage der Selbstbeherrschung im Auge. Im Kapitel über Sokrates schreibt er (II 102 f.):

„Wer zum Herrscher erzogen werden soll, muß lernen, die Erfüllung dringender Pflichten der Befriedigung des körperlichen Bedürfnisses voranzustellen. Über Hunger und Durst muß er Herr sein. Er muß gewöhnt sein an kurzen Schlaf, spätes Zubettgehen und frühes Aufstehen. Arbeitsscheu darf er nicht kennen. Der Köder sinnlicher Reize darf ihn nicht verlocken. Gegen Hitze und Kälte muß er abgehärtet sein. Es darf ihm nichts ausmachen, unter freiem Himmel zu kampieren. Wer alles dies nicht kann, gehört damit zur Klasse der Beherrschten".

Hier könnte man stutzen; denn natürlich wäre es genauso richtig zu sagen, wer all dies nicht könne, gehöre zur Klasse der „Unbeherrschten". Aber gerade mit dieser Paradoxie, daß die Beherrschten unbeherrscht sind, und daß die Unbeherrschten beherrscht werden müssen, deutet die volle Wahrheit der Sache sich an; denn die Unbeherrschten – oder genauer: die, die sich selbst nicht beherrschen – sind zugleich die Beherrschten, das heißt die, die nicht in einem freien Staat leben können, sondern Tyrannen anheimfallen. Aber selbstverständlich sollte niemand unbeherrscht sein; denn Herrschaft über sich selber braucht *jeder*, nicht nur ein König oder ein Heerführer. „Sokrates nennt diese Erziehung zur Enthaltsamkeit und Selbstbeherrschung mit dem griechischen Wort für *training* ‚Askese'". Aber nun fügt Jaeger eine seltsame Erklärung an. Er behauptet: „Die sokratische Askese ist nicht die Mönchstugend, sondern die Herrschertugend". Hier kann man nur staunen. Brauchen Herrscher denn eine andere Art von Selbstbeherrschung als Mönche? Und sind die Sokrates-Schüler nicht bis in die Spätantike hinein auf ihre Art „Mönche" gewesen? Kennt man denn, um nur so viel zu sagen, Tertullians Schrift über den Philosophenmantel nicht mehr? Wir sollten Unterschiede nicht machen, wo sie nicht ihren Platz haben. Schließlich gilt Jaegers zusammenfassendes Urteil ja ganz allgemein: *„Der Begriff der ‚Selbstbeherrschung' ist durch die Sokratik ein Zentralgedanke unserer ethischen Kultur geworden. Er faßt das sittliche Handeln bereits als etwas im Innern des Individuums Entspringendes, nicht nur als die äußere Unterwerfung unter das Gesetz".*

„Unsere ethische Kultur"

Gern möchte man sich Jaegers Urteil zu eigen machen, aber es bedarf der Ergänzung. Einerseits ist Selbstbeherrschung Zentralgedanke nicht nur einer bestimmten, besonderen, sondern *jeder* Kultur. Und andererseits: „unsere ethische Kultur" – wo gibt es denn die? Schon als Jaeger sie so nannte, hätte die Frage nach ihr ein Rätsel abgeben können. Aber falls man damals zur Not noch von ihr hätte sprechen dürfen, so kann man es heute nicht mehr. Wofern noch etwas von ihr übrig sein sollte, wären es unbedeutende Reste. Unsere ethische Kultur gehört der Vergangenheit an. In lückenloser Folge haben etliche Generationen auf je ihre Weise – teils durch Verfälschung, teils durch Unverstehen, Nachlässigkeit und Verachtung – das ihre dazu beigetragen, daß sie verkam. Heute besitzen wir nicht einmal mehr Ideale, die mit dem, was man einstmals Ethik oder Kultur nennen durfte, zu tun haben. Zwar, wenn die Ethik im heutigen Bewußtsein weitgehend durch Ethologie ersetzt worden ist, sind es wohl viele, die meinen, beide Worte müßten, weil sie so ähnlich klingen, eng Verwandtes bezeichnen. Das aber ist nicht der Fall. Im Gegenteil, sie drücken ganz Verschiedenes, im Grunde Gegensätzliches aus.

Ethik ist die Lehre von den Forderungen, die dem Menschen durch die Bedingungen seines Menschseins, durch die Tatsache, daß er ein Wesen mit Ichbewußtsein, Reflexionskraft und Verantwortung ist – also durch eine die Leibesgesundheit weit übergreifende Wesensgesundheit gestellt sind. Dagegen die Verhaltensforschung oder *Ethologie* registriert, möglichst ohne zu werten, die Gesamtheit der Verhaltungsweisen und -neigungen eines Lebewesens, so wie sie sich zeigen; und da sie von Hause aus eine biologische Wissenschaft ist, wendet sie sich mit vorrangigem Interesse (und Sachverstand) den somatisch erklärbaren Lebensäußerungen und -gewohnheiten zu. Aber dann bewirkt ihre Herkunft, daß sie überhaupt *alle* Lebensäußerungen somatisch zu erklären versucht. Das heißt, soweit sich die Ethologie auf den Menschen richtet, erfaßt sie an dessen Natur mit gleichem Interesse schlechte wie gute Gewohnheiten; und während sie alle triebhaften Züge des *animal rationale* als alte, vertraute Bekannte begrüßt, erscheint ihr das Moralische am Menschen hauptsächlich als „Störung" und „Hemmung" eines natürlich bedingten Verhaltens.

Wie weit sich die Betrachtungsweise des Menschen im

Sinne der Verhaltensforschung inzwischen durchgesetzt hat, kann eine höchst bezeichnende, wichtige Einzelheit, die Realität des modernen Schulfaches Sexualkunde, lehren. Sieht man genauer zu, so läßt sich nicht leugnen, daß es bei diesem Unterricht um einen, wie Jaeger sagt, Zentralpunkt jeder Kultur geht, nämlich um den Umgang des Menschen mit dem stärksten seiner Triebe und um die Belehrung, die die Gesellschaft ihren Kindern in dieser entscheidenden Hinsicht zu geben hat. Für eine solche Belehrung kommen zwei Wege in Frage. Man kann sie im Sinne der Ethik oder aber nach Art der Wissenschaft von den „natürlichen Gewohnheiten" geben. Sittlich gesehen, ist die Beherrschung (wohlgemerkt: nicht Unterdrückung) der Geschlechtsbedürfnisse und der Geschlechtslust die große Probe dafür, ob und wie weit ein Mensch sich selbst zu zügeln vermag. Ethologisch dagegen sind alle Formen des Umgangs mit dem Geschlechtstrieb gleichwertig und gleich „interessant". Das heißt, was von Seiten der Biologie und Verhaltensforschung über die Geschlechtsentwicklung und die bewußte Stellungnahme des Menschen zu den Gefühls- und Triebsensationen seines Körpers zu sagen ist, ist so ziemlich das Gegenteil jenes „Zentralgedankens der Selbstbeherrschung", um den es in Jaegers Ausführung geht. Und dieser Zentralgedanke fehlt sowohl unter den Lernzielen als auch in der Unterrichtspraxis fast ganz. Das kann nicht überraschen; denn „pluralistisch" gesehen, ist Selbstbeherrschung ein „ideologischer Wert", den man Andersdenkenden nicht aufdrängen darf. Demnach wird den Jugendlichen von Staats wegen der stärkste Trieb nicht als Gegenstand ihrer Willensschulung, sondern als vielseitig verwertbares, sensationelles Faktum nahe gebracht, wobei aus Gründen der „Wertfreiheit" jeder denkbare Umgang mit diesem Trieb, „der fremde Freiheit und fremdes Recht nicht verletzt", für erlaubt erklärt werden muß. Onanie, Homosexualität und so ziemlich jede Perversion erscheinen als „natürliche Tatsachen", als verschiedene, aber mehr oder weniger gleichberechtigte Arten des Umgangs mit einer polymorphen Natur; es sind nichts als Variationen oder Entwicklungsstufen des in fast jedem Falle „normalen" Verhaltens. In der Tat, verhaltenskundlich steht fest, daß junge Hunde sich gern – sei es aneinander oder an passenden Gerätschaften – reiben. Eine wertfrei beobachtende Verhaltenskunde des Menschen wird zu verwandten Einsichten kommen. Aber wenn es biologisch richtig sein sollte, die Kinder zu lehren, Onanie sei natürlich, so ist die pädagogische Folgerung, die von Ethologen daraus gezogen wird – und zwar genau so natürlich – verkehrt. Aber es ist uns eben in entscheidenden Fragen die Fähigkeit zur Unterscheidung (sogar zu einer Unterscheidung des Menschen vom Tier) verloren gegangen; darum erregen gewisse Fehlschlüsse keinen nennenswerten Protest. Dennoch muß man darauf bestehen zu sagen: Wer glaubt, so etwas wie Selbstbeherrschung ergäbe sich, wenn der wilde junge Trieb erst einmal abgeschäumt (mit älterem Ausdruck: abgefeimt) sei, immer noch früh genug und dann sozusagen problemlos, nämlich „von selbst", scheint zur Verhaltenserforschung des Menschen in keiner Weise geeignet; denn das Verhalten der Menschen zeigt nun einmal, daß ihnen ihre Natur zugleich eine lebenslängliche Aufgabe ist. Hunde, die sich ihrer tierischen Natur entsprechend verhalten, zum Modell eines Wesens zu machen, das seiner Triebnatur gerade nicht „hündisch" folgen muß, sondern lernen kann und lernen sollte, sie unter Kontrolle zu bringen (Herrschaft darüber zu üben), ist das Ende dessen, was Erziehung zu heißen verdient.

Der Skandal ist groß, auch wenn keiner ihn sieht. Und er ist um so größer, als die *wertfreie* Behandlung eines Gegenstandes von allergrößtem *Erlebniswert* unvermeidlich zur Folge hat, daß dieser Erlebniswert, aller Wertfreiheit zum Trotz, absolut gesetzt wird, so daß diese Unterrichtsart in Bezug auf den Wert der Selbstbeherrschung eine ganz parteiische Maßnahme wird: Für ihn bleibt (auch falls nichts dergleichen ausgesprochen würde) in jedem Fall nur der unterste Rang; denn wer wertfrei argumentiert, läßt die

Wertwahl nicht etwa frei, sondern, weil ja auch eine wertfreie Darstellung immer mit Werten zu tun hat, entwertet sie das Wertvolle, von dem sie nicht spricht, und verabsolutiert die Werte, die sie behandelt, auch wenn sie dies gar nicht gewollt hat. Solches aber geschieht im Namen der Wissenschaft – ja, der Wissenschaft vom Menschen und nicht zuletzt auch der Wissenschaft von der Erziehung des Menschen. Natürlich muß das Ideal der Selbstbeherrschung schon längst zuvor ausgehöhlt, zu einer altväterisch borniertenLebensansicht erklärt worden sein, ehe eine Pädagogik, die der Philosophie und damit der Ethik entlaufen war (und dann bald genug, ihrer Schwerkraft folgend, einem neuen Gebieter, der Human-Ethologie, in die Hände fiel) anfangen konnte, die Selbstbeherrschung zu einer Sache zu machen, mit der man „am Ende der Entwicklung" immer noch früh genug anfängt, weil der junge Mensch ja sowieso noch nicht die Kraft habe, sich selbst zu beherrschen. Ethologisch klingt das plausibel, aber erzieherisch ist diese Logik sicher verkehrt. Wer in der Jugend nicht angehalten wurde zu lernen, wer damals nicht eine ausreichende Zahl genügend kräftiger Anstöße erhielt, der wird, erwachsen geworden, „in den Stürmen des Lebens", höchstens noch fähig sein, die Surrogate zu lernen, vor allem jenes: „So tun, *als ob* man gelernt hätte, *als ob* man könnte, was man in Wahrheit nicht kann".

Eine „schöne neue Welt" der Erziehung ist es, die wir aufgebaut haben! Wenn unsere Jugend mehr und mehr „ausflippt" (was wörtlich etwa so viel wie „aus der Angel, aus dem Gelenk springen" heißt), dann doch nur darum, weil wir ihr unter der Führung einer endlich „streng wissenschaftlich" gewordenen Pädagogik weder die Notwendigkeit der Selbstbeherrschung noch auch das Ideal mehr nahezubringen vermögen. Ja, wir machen nicht einmal mehr den Versuch! Die Pädagogen sind mit Befragungen und Statistik beschäftigt, sie erziehen nicht, sondern schreiben vorhandene Tatsachen fest.

Selbstverständlich gilt es in Sodom und Gomorrha als

schick, vielleicht gar als „mutig", die Verachtung von so närrischen Künsten wie Selbstbeherrschung so laut und so deutlich wie möglich zu äußern; und als deutlichste Äußerungsformen einer solchen, moralischen „Aufgeklärtheit" wurden von jeher ungepflegte Haartracht und verlotterte Kleidung empfohlen. Aber wen wollen wir tadeln? Jedenfalls hat die Jugend, die wir haben, am allerwenigsten Schuld; sie hat sich höchstens als allzu gelehrig erwiesen. Schuld hat die Gesellschaft, die für ihre Kinder längst nur noch eine *Als-ob*-Philosophie der Erziehung besitzt, weil sie sich selbst in keiner Weise mehr zu beherrschen versucht und jeden Rat in dieser Richtung nur als Bedrohung ihrer sogenannten Freiheit ansehen kann.

Wenn wir fasten, um uns zu kurieren, handeln wir gleich einem Hausherrn, der seinen Koch für eine Zeitlang vom Dienst entbindet, weil er einen ungebetenen Gast hinauswerfen soll. Das Fasten ist große Medizin; sie gibt nicht nur Gesundheit, sondern auch Muße und geistige Macht.

Ernst Jünger: Gärten und Straßen, 23. April 1950
(Strahlungen I. Klett-Cotta, Stuttgart 1980, S. 129).

Gegen diese Öffentlichkeit meine eigenen tragischen Gedanken halten, ist nicht mein Beruf. Ich trage meine Gedanken alleine ... Das kommende Jahrhundert wird die Männerwelt in einen Zwang nehmen, vor eine Entscheidung stellen, vor der es kein Ausweichen und keine Emigration gibt, es wird nur noch zwei Typen, zwei Konstitutionen, zwei Reaktionsformen zulassen: diejenigen, die handeln und hochwollen, und diejenigen, die schweigend die Verwandlung erwarten, die Geschichtlichen und die Tiefen, Verbrecher und Mönche – und ich plädiere für die schwarzen Kutten.

Gottfried Benn: Berliner Brief, Juli 1948.
Gesammelte Werke, Band 7.
Deutscher Taschenbuch Verlag, München 1975, S. 1740.

RANGANATHA RAMACHANDRA DIWAKAR
Askese in indischer Sicht

Einleitende Erwägungen

R. R. Diwakar wurde am 30. September 1894 in Dhawar (Karnataka, Südindien) geboren. Er beendete seine Sanskrit- und Englisch-Studien am Fergusson Colleg in Poona mit Auszeichnung. Hinzu kam das Studium der Rechtswissenschaft. Von 1921 bis 1945 Freiheitskämpfter für die Unabhängigkeit Indiens. Insgesamt war Diwakar in dieser Zeit acht Jahre und neun Monate lang inhaftiert. Als 1947 Indien von jahrhundertelanger britischer Kolonialmacht unabhängig geworden war, wurde er Mitglied der Verfassunggebenden Versammlung (1947–1950), dann Minister der Zentralregierung (1948–1952) und Gouverneur von Bihar (1952–1957). 1977/78 war er Ehrenvorsitzender der Weltkonferenz für Religion und Frieden. In seiner Heimat wird er mit den Ehrentiteln angeredet: „Inanapanditha" (Gelehrter) und „Karmaveera" (tapferer, erfolgreicher Krieger). Er ist heute Ehrenvorsitzender der Gandhi Peace Foundation (New Delhi) und bezeichnet sich selbst als „Sozialarbeiter".

Außerdem hat R. R. Diwakar sich als Herausgeber verschiedener Tageszeitungen, Zeitschriften und Buchserien betätigt. Er ist Mitherausgeber der Reihe „Bhavans Book University", die insgesamt 250 Bände umfaßt. In englischer Sprache veröffentlichte er unter anderen folgende Bücher: „Glimpses of Gandhi", „Satyagraha in Action", „Pathway to Peace", „The Upanishads in History", „Dialogue", „Mahayogi", „Life and Teachings of Sri Aurobindo", „Bhagavan Buddha". Alle diese

Werke sind zu beziehen über die Gandhi Peace Foundation, D. D. Upadhyaya Marg, New Delhi – 110 002, Indien (Bharat Juktarashtra).
Bei dem folgenden Beitrag handelt es sich um einen eigens für diesen Band der Herderbücherei INITIATIVE geschriebenen Text von R. R. Diwakar.

Wer asketisch lebt und seine fünf Sinne – Ohren, Augen, Zunge, Nase und Tasten – beherrscht, tut dies, um höher und höher aufzusteigen im geistlichen Leben. Das Ziel ist Befreiung, Erlösung.
Diese Befreiung ist für die eigene Seele, das absolute „Selbst" (*Atman,* vgl. unten Anm. 5) ein Zustand unendlichen Friedens, höchster Wonne und Freude schon während des irdischen Lebens und überströmender Glückseligkeit danach. Im gewöhnlichen Sprachgebrauch könnte man von göttlichem oder gottähnlichem Leben sprechen. Theologisch ist es „Leben-in-Gott".
Selbstbeherrschung – Kontrolle der launenhaften Strebungen und Tendenzen der Sinne und ihrer Kräfte, Beherrschung auch des Geistes, der gewöhnlich dem Außen zustrebt – sind die unerläßliche Bedingung, wenn jenes hohe Ziel erreicht werden soll.
Wenn der Mensch irgend eine Energie, die in der Natur oder in ihm selbst vorrätig ist, zweckgerichtet zu nützen wünscht, dann ist in der Tat deren Kontrolle dazu die notwendige Vorbedingung.
Der erste Schritt zu ihrer Eingrenzung und gewünschten Wirkung ist ihre Kontrolle. Das Handhaben, Steuern und endlich Meistern jeglicher Art von Energie muß mit ihrer Kontrolle beginnen.
Es sollte jedoch beachtet werden, daß Kontrolle nicht Unterdrückung oder Verneinung bedeutet. Kontrolle dient der besseren Nutzbarmachung von Bestrebungen, die für überlegener oder edler oder höher im Bereich humaner Werte gehalten werden.

Im Verlauf von Millionen von Jahren hat sich der Mensch auf unserem Planeten entwickelt vom Höhlenbewohner und Jäger zu dem, der er heute ist. Er hat verschiedene Stadien durchgemacht: das des Kannibalen und Kopfjägers, des Ackerbauers und Dorfbewohners, des Technikers und Städters, des Gründers und Erbauers von Nationen und Staaten und das des Internationalisten. Gegenwärtig lebt er in 160 organisierten Staaten, von denen fast alle zusammengeschlossen sind in der Organisation der „Vereinten Nationen", die er selbst geschaffen hat. Ihre Charta setzt sich eine Welt ohne Krieg, ohne Gewalttätigkeit von Mensch gegen Mensch, zum Ziel. Der Mensch scheint zu hungern nach Frieden, Harmonie und Glück für alle. Diese Sehnsucht umfaßt die ganze Menschenfamilie.

Deutlich unterschieden und getrennt von anderen Formen des Lebens, sei es tierisch oder pflanzlich, hat der Mensch in hohem Ausmaß das entwickelt, was *Bewußt-Sein* genannt wird, die kognitiven und affektiven Fähigkeiten. Sie sind in anderen Lebensformen nur in Spuren vorhanden, so daß der Instinkt, eine unbewußt antreibende, richtungsgebende Kraft in ihnen, die Regulierung ihrer Lebensäußerungen übernimmt.

Der Mensch besitzt verschiedene Ebenen des Bewußt-Seins, wie: „unter-bewußt", „un-bewußt", „über-bewußt", „absolut-bewußt" und so weiter.

Aber in besonderer Weise zeichnet es ihn aus und ist von größter Wichtigkeit, daß er *„selbst-bewußt"* ist und volle Kenntnis hat von seinem *Selbst-Bewußtsein*.

Als Krönung hat der Mensch die Gabe des *Gewissens* entwickelt. Mit ihr vermag er zu unterscheiden zwischen gut und böse, zwischen recht und unrecht, zuträglich oder schädlich, gerecht oder ungerecht und so fort.

Diese Entwicklung und Entfaltung von Fähigkeiten erhebt den Menschen über alles andere Geschaffene auf Erden. Viel wichtiger aber ist die Tatsache, daß die Gaben, mit denen der Mensch ausgestattet ist, ihm – zumindest teilweise –

die moralische Verantwortung für seine Zukunft auferlegen.
Er muß antworten, ist ver-antwortlich für seinen Fortschritt oder sein Scheitern. Des Menschen Fähigkeit, zu einem hohen Grad seiner selbst bewußt zu sein, macht ihn zu seinem eigenen Zeugen – sowohl vor dem Außen, als auch vor seinem Innern.
Der Mensch bekennt und beansprucht, „*Ich*" zu sein. Er weiß und fühlt, daß er vielerlei verschiedene Kräfte besitzt: körperliche, vitale, geistige, moralische, ästhetische, religiöse und spirituelle.
Daher sieht er sich vor folgende Fragen gestellt:

1. Wenn Du willst, bist Du Herr über alle Energien, die Dir zu Gebote stehen. Auf welche Weise wirst Du sie anwenden?
2. Du bist nicht allein im Universum. Empfindendes und Nichtempfindendes existiert an Deiner Seite. Es besteht nicht nur oberflächlicher Kontakt, sondern es ereignet sich in jedem Augenblick inniger Austausch, ein Geben und Nehmen zwischen jedem Atom im Universum (so sagt es die Wissenschaft heute). Wie verhältst Du Dich zu ihnen?
3. Über allem ist eine selbst-bewußte, selbst-existierende höchste Energie (Gott), die Quelle und finale Bestimmung allen Seins, die alles überbordende Freude und Glückseligkeit.
Was ist *Deine* Bestimmung? Jene höchste Energie oder etwas anderes?

Es ist dieses Problem, das dem Menschen als selbstbewußtem, verantwortlichem Wesen aufgegeben ist, zu dessen Lösung er den ihm angemessenen Weg finden muß.
In dieser Situation mühten sich Weise und Heilige, Propheten und Gottesmänner aller Zeiten um einen gangbaren Weg und gelangten zur Überzeugung, daß *Askese* ein Imperativ sei. Selbstbeherrschung ist für den Menschen ein notwendiger Schritt auf dem Weg stufenweiser Höherentwicklung zum letztendlichen Ziel, dem Leben-in-Gott.

Der Schritt ist scheinbar *negativ*: allumfassende Abstinenz, Verzicht, Selbstverleugnung, Nichterfüllung des doch dem Menschsein zugehörenden Verlangens und Begehrens der Sinne.
Aber das Resultat ist *positiv*. Der Mensch kann die durch Selbstbeherrschung freigesetzten Kräfte benützen zum schrittweisen Aufstieg auf den Mount Everest des geistigen Lebens. Es ist dies ein Leben, gelebt im Geist für den Geist in allen, nicht nur zur Erleuchtung der solcherweise erlösten eigenen Seele, sondern zur Erleuchtung und Verklärung aller Seelen.
Dieser Weg der Askese ist von allen Religionen, von allen geistig Suchenden, von allen an die spirituelle Höherentwicklung und Entfaltung des absoluten menschlichen „Selbst" *(Atman)* Glaubenden gelehrt, beschritten und uns vertraut gemacht worden. Er kann gesehen, gewählt, gegangen werden – von allen.
Erlöst zu werden durch das Betreten des nächstliegenden positiven Weges der Hingabe, der Liebe zu Gott in der Kontemplation, in der Aktion, in Gedanken, Worten und Werken, der totale Weg vergeistigten Lebens, eines gottähnlichen, göttlichen Lebens steht grundsätzlich allen offen.
Das bloß im Heute gelebte Leben schwindet, allein das in Gott gelebte bleibt und erblüht in ewiger Seligkeit.

Der Mensch ist Evolution

Um die Zwangslage und das Problem des heutigen Menschen verstehen zu können, müssen wir einen Blick auf das Panorama seiner Geschichte werfen. Auf der einen Seite, am Anfang, steht der Höhlenmensch; auf der anderen Seite der heute gegenwärtige sogenannte zivilisierte Mensch. Letzterer könnte charakterisiert werden als Tier mit bestimmten instinktiven Antrieben, das sich abmüht, vernünftig und „menschlich" zu sein und erfüllt ist von der Sehnsucht, vollkommen und gottähnlich zu werden. Seine biologische Evolution ist zum Stillstand gekommen, weil er jetzt fähig ist, Werkzeuge zu benützen und weiterhin keine Notwendigkeit besteht für organische Veränderungen an seinem Körper.

Ganz allmählich erkennt der Mensch immer klarer, daß der Kern seines Wesens „Bewußt-Sein" *(Gnosis)* ist und daß sein Körper aus Fleisch und Blut, aus Nerven und Gehirn nur ein Anhängsel dieses Bewußt-Seins ist, wie der Anhänger an einem Wagen.

Tatsächlich ist der Mensch das „Bewußt-Sein" selbst. Seine Existenz selbst, sein Sein kennt er nur auf Grund dessen, daß sie ihm bewußt sind. Er wäre ein Nichts, hätte er nicht das Bewußt-Sein von seiner eigenen Existenz.

Dieses Bewußtsein ist der Sitz der Seele oder des *„Selbst"* oder *Atman*. Dieses ist identisch mit dem Urgeist, dem ungeteilten „Einen". Anstatt alle Mühe auf die Erkenntnis dieser Tatsache und der Verwandtschaft der Seele mit allen anderen Dingen und mit *der* Wirklichkeit zu richten, nennt der Mensch sein bewußtes Sein *Ich* und identifiziert sich mit dem zwar lebenden, aber dahinschwindenden Körper aus Fleisch und Blut und was immer mit ihm verknüpft ist. Der Mensch ist aber *nicht* beseelter Körper, sondern: verkörperte Seele *(Atman,* „Selbst"). Nicht Leben und Schicksal des Körpers sind von Bedeutung, sondern das Leben des Bewußt-Seins. *„Selbst"-Seele-Atman,* dem Wesen des erhabensten Geistes entspringend, *dies* muß bedacht und verstanden und ihm muß gefolgt werden bis hin zur letztendlichen Bestimmung, dem erhabenen Urgeist selbst.

Natur und Funktion der Askese

Seit unvordenklichen Zeiten trägt der Mensch in sich die dunkle Ahnung, daß sein Körper aus Fleisch und Blut vergänglich ist und daß etwas Geheimnisvolles wie „Seele" oder „Geist" ihn überlebt und unsterblich und ewig ist. Selbst die *Adivasis*, die Ureinwohner Indiens, die in den

Wäldern oder in deren Randgebieten leben, kennen diese Auffassung nicht nur, sondern glauben auch an sie und verhalten sich ehrfürchtig gegenüber den Seelen der Toten. Sie rufen diese an, verehren sie und beten für sie.

In den prähistorischen Stammeskulturen und im Schamanismus ruft der Priester nach Vollzug einiger asketischer Übungen und Zeremonien seine eigene Seele an. Seine „Gemeinde" glaubt, daß die so beschworene Seele imstande sei, sich vom Körper loszulösen und Seelen im Himmel oder in der Unterwelt aufzusuchen und in concreto Gespräche mit diesen zu führen. Wurzeln und Kern asketischer Übungen lassen sich zurückverfolgen bis in diese Vorzeiten.

Solche Praktiken, die auch den Verzicht auf die normale Befriedigung der Sinne und die daraus resultierenden Annehmlichkeiten einbeziehen und die Schärfung der Kräfte des Bewußtseins zum Ziele haben, sind essentiell asketisch.

Das Begehren der Sinne, dessen Stillung, oft selbst bis zur Übersättigung, sich der Mensch gewöhnlicherweise eifrig widmet, – in Gedanken, Worten und Werken – ist unfähig, das Verlangen seiner höheren Anlagen zu erfüllen, ob sie nun moralischer, ästhetischer, künstlerischer oder geistiger Art sind. Darum sind der Bereich der Sinne und das „materialistische" Verlangen des Körpers den höheren Gaben des Menschen entgegengesetzt. Sie sind geradezu Feinde der menschlichen Seele (des *Atman*), die nach Verwirklichung ihrer geistigen Essenz und ihrer endlichen Bestimmung hungert: der Einung mit der „Überseele" oder Gottheit, die *eins* ist, unteilbar, und Quelle und Endziel alles dessen, was je existiert hat, heute existiert und morgen und in aller Zukunft existieren wird.

Was ich im vorhergehenden dargelegt habe, muß gesehen werden im Zusammenhang mit dem Kräftespiel der Energien, die im Menschen gespeichert sind. In seiner heutigen Verfaßtheit kann der Mensch nur über begrenzte Kräfte verfügen, und normalerweise sucht er eifrig nach sinnlichen Freuden, die entsprechend ihrer Natur flüchtig sind und

unaufhörlich neue Bedürfnisse entstehen lassen, die mehr und mehr fordern. Der Gegensatz hierzu ist ein innerer evolutionärer Drang, der den Menschen auf immer höhere Ebenen des Lebens ruft und wahre Freude beschert. Seine Qualität und Dauer sind befriedigender und anhaltender. Sinnesfreuden sind von verschiedenen Faktoren abhängig, die nicht stets zur Hand sind und nicht nach Belieben herbeigeschafft werden können. Geistorientierte Freuden können hingegen durch Disziplin und Übung jederzeit verfügbar gemacht werden, und gewiß sind sie von weit höherem Wert.
Es ist Sache des Menschen, zu wählen und die Richtung einzuschlagen, die in diese Evolution des Geistes weist. Art und Ort der Askese sind dann klar vorgezeigt.
Zweifellos gibt es eine natürliche Verlockung, den Hunger der Sinne zu stillen. Aber unbeschreibbare Freude und ein erhebendes Gefühl des Triumphs werden dem zuteil, der widersteht, die Versuchung überwindet und den Pfad des Geistes beschreitet. Es ist die Trägheit vergangener Tage, die am Menschen zerrt und ihn auf dem niederen Weg der Sinne festhält. Doch das Kommende ist vernehmbar und ruft den Menschen auf höhere Stufen des Geistes.
Das Opfer der sinnlichen Wünsche ist der Preis, den der Mensch zu zahlen hat für die Zustimmung zur Aufforderung der Evolution. Askese in der einen oder anderen Form ist eine unschätzbare Hilfe für die menschliche Seele auf ihrer Reise aus dem Tierreich, das den Menschen noch immer umhüllt, hinaus in die Menschlichkeit und von da zur Gottähnlichkeit, zu der er berufen ist.
Es muß bei allem klar verstanden werden, daß Askese weder Absage an alle Bedürfnisse der Sinne noch Unterdrückung ihrer Notwendigkeiten bedeutet.
Askese ist die sinnvolle Disziplin und Übung zur Beherrschung der Energien, die jetzt verschwenderisch vergeudet werden zur Befriedigung des wachsenden Appetits der Sinne. Diese Energien werden durch asketische Praktiken nutzbar gemacht zum Aufstieg in jene Höhen, die das gei-

stige Ziel sind, das der Mensch im Verlauf seiner Evolution erreichen soll.

Asketismus ist nur der *negative* Aspekt der insgesamt geforderten Disziplin. Der *positive* Aspekt muß sich zeigen in der Überwindung einer übertriebenen Egozentrik und im Einsatz aller verfügbaren Kräfte beim fortschreitenden Bemühen um die Spiritualisierung des ganzen Lebens, damit wir zum göttlichen Ziel zu gelangen vermögen.

Formen asketischer Disziplin

Bevor ich den Versuch mache, die verschiedenen Formen des Asketismus zu beschreiben, sollen die *Upanishaden*[1] kurz befragt werden.

Über die „nach außen drängenden" Tendenzen, das heißt: die sinnlichen Antriebe des Menschen sagen sie: weil die Urkraft hervorbrach und sich selbst im Bild dieser Schöpfung manifestierte, neigt der Mensch dazu, dem gleichen Kurs zu folgen. Weiter sagen die Upanishaden: selten sind jene Menschen, die in ihr Inneres blicken, um ihr *Atman* (Seele, Selbst-Sein) zu vergegenwärtigen. Die Reise in's Innere ist in Wirklichkeit eine Rückreise zur Quelle der Quellen, zum „Ur-Sprung" allen Seins.

Hören wir auch, was die Upanishaden über die Gesinnung, in der der Mensch in dieser Welt leben soll, sagen.

Dazu Isha Upanishad: Alles was ist, existiert und sich im Universum bewegt, ist der Wohnsitz des höchsten Herrn. Der Mensch soll im Geist der Entsagung und der Selbstverleugnung leben und handeln und ganz bei IHM wohnen.

Ein weiterer Upanishad sagt: Allein durch ein Leben im Geist der Entsagung haben die Vorväter Unsterblichkeit erlangt.

Alle Upanishaden verkünden den Vorrang des geistig-geistlichen Lebens. Das Verlassen des Bereichs der bloß körperlichen Genüsse und der Verzicht auf Sinnesfreuden öffnen den Zugang zu ihm. Der Kern der Aksese wird hier deutlich erkennbar.

Asketismus war für die *Rishis*[2] der Upanishaden eine Weise zu leben, in etwa vergleichbar dem Leben der Mönche und Nonnen in den Klöstern des Christentums.

Die Rishis lebten in einfachen Hütten, fern von den Städten. Sie kultivierten kleine Landflächen und hielten Kühe. Religiöse Gewohnheiten und Bräuche wurden strengstens eingehalten. Keine bestrickenden Versuchungen bedrängten sie. Studieren, Gedanken- und Meinungsaustausch in Diskussionen, Lehren waren ihre alltäglichen Tätigkeiten, mäßiges, diszipliniert-genügsames Leben die Norm. Fasten, Einhaltung der geistlichen und moralischen Gelöbnisse waren ebenso allgemeine Übung wie alles andere.

Zeitweilig übten einige von ihnen *Tapas* (Formen äußerst schwierigen Asketismus), wie zum Beispiel stundenlang in die glühende Sonne zu schauen oder den Körper lange Zeit der beißenden Kälte des Winters auszusetzen.

Sannyas ist für den Hindu der letzte Abschnitt eines langen asketischen Lebensweges.

Ein *Sannyasin* verläßt sein Heim und das Leben in der Familie, er gibt allen Besitz auf, geht auf endlose Wanderschaft und lebt von Almosen. Er legt seine frühere Bekleidung ab und hüllt sich fortan nur noch in einfache ockerfarbene Tücher. Es ist ihm nicht erlaubt, länger als drei Tage an einem Ort zu verweilen. Er muß einen neuen Namen annehmen und für die Gesellschaft ist er zivilrechtlich tot. Er hat keinen „locus standi" als Individuum. Dies ist Verzicht „in extremis".

Abgesehen von der hedonistisch-atheistischen Philosophenschule, die *Carvaka* genannt wird, glauben alle Hindus an die Existenz der Seele oder des absoluten „*Selbst*" oder *Atman*. Für sie ist der innerste Kern des Bewußtseins identisch (oder zumindest „fast-gleich") mit dem höchsten Selbst, dem Urgeist, *Purushottama*. Sie glauben an die Möglichkeit von *Moksha* (Befreiung, Erlösung) schon hier und jetzt und auch hernach. Da sie das Sinnesleben für geringer erachten als das Leben des Geistes, unterziehen sie sich asketischer Zucht.

Diese äußert sich in Praktiken verschiedenster Art, wie zum Beispiel im Verzicht auf sinnliche Freuden, in Hungern, Nachtwachen, strikter Einhaltung von Gelöbnissen, die gewöhnlich an *Yoga* gebunden sind, in Gebetsübungen und anderen geistlichen Disziplinen.

Hier seien noch zwei besonders ausgefallene Kategorien asketischer Übungen erwähnt: die oft geradezu unmenschliche und grausame Kasteiung des „Fleisches" oder physische Folterungen oder beides gleichzeitig. Für den modernen Menschen mögen solche Praktiken zwar äußerst widerlich und abstoßend sein; doch in alten und weniger alten Zeiten waren sie ziemlich verbreitet und sind selbst in unseren Tagen bei gewissen Menschengruppen noch üblich. Sie sind gut gemeint und werden angewendet in der Überzeugung, daß „Fleisch" und „Blut" und „Körper" Feinde des Geistes und lästige Hindernisse für die Befreiung der Seele (*Atman*) seien.

Dennoch sind auch die materielle Welt und „Körper", „Fleisch" und „Blut" Geschenke Gottes wie die Seele selbst.

Schon im sechsten Jahrhundert vor Christi Geburt unterzog sich *Siddartha* (Buddha) solch harten Züchtigungen. Erst nach der Erleuchtung gab er sie auf und übte *Yoga*, wie es *Alarkalam* gelehrt hat. Wir wissen auch von ähnlichen Kasteiungen des heiligen Franz von Assisi.

Philosophen des Hinduismus haben Erklärungen gesucht für die seltsamen Gepflogenheiten, etwa die Selbstgeisselungen, der Gottsucher. Sie stellten fest, daß solche Personen zum gegebenen Zeitpunkt unter dem Einfluß ihrer „inneren Natur" stehen, und dementsprechend unterteilten sie sie in drei Kategorien, nämlich in *Satya, Raja* und *Tama*.

Tama-Personen sind von Natur aus träge, haben keine Ideale und meiden jegliche Anstrengung, die zu einer persönlichen Besserung verhelfen könnte.

Von *Raja* erfüllte Menschen sind gekennzeichnet durch hochgreifendes Streben, voll von Spannkraft und Stolz. Ist *Raja* dominant in einer Person, dann wird sie in Extreme unrichtigen, verkehrten Tuns getrieben.
Die, in denen *Satya* – die höchste Stufe – herrscht, handeln ausgeglichen zwischen kluger Zurückhaltung und eifriger Begeisterung.
Buddha Bhagavan predigte nach seiner Erleuchtung *Madhya Marg,* den mittleren Pfad.
Die *Gita*[3] schreibt ebenfalls vor, daß die Taten des Menschen von Gleichmut und Yoga sorgfältig geführt sein müssen. Dies gilt ebensogut für die Askese und andere Praktiken, mit denen geistiger Fortschritt bis zur Vollendung errungen werden soll.
Zu allen Zeiten haben die religiös-geistlich Suchenden Indiens asketische Praktiken zu Hilfe genommen.
Die wichtigsten Bereiche und Sinne, die es höchst wachsam zu kontrollieren und in Grenzen zu halten gilt, sind *Zunge, Tastsinn* und *Sexualität.* Sie sind anscheinend diejenigen, die am leichtesten auf Abwege führen können.
Kontrolle über die Zunge, beim Essen und Trinken sowohl als auch beim Sprechen, ist sehr wichtig. Mißbrauch von Speise und Trank verdirbt die Gesundheit und ein unrechtes Wort kann eine Kettenreaktion von unübersehbaren Ausmaßen auslösen – ähnlich wie der sexuelle Trieb, der der mächtigste Drang im Menschen ist. Er ist äußerst unberechenbar und am schwierigsten im Zaum zu halten. Ein falscher Schritt kann unheilvolle Folgen haben. Sublimierung, Distanz, Vermeiden von Situationen, die vermutlich zu Fallstricken werden, sind empfehlenswerte Vorsichtsmaßnahmen.
Der Vielfalt der Askese sind keine Grenzen gesetzt, sobald man eindeutig verstanden hat, daß nicht Unterwerfung an sich das Ziel ist, sondern Meisterung der im Menschen angelegten Energien. Sie sollen benützt werden zur Beseitigung aller Schranken, die den Aufstieg der Seele behindern. Sie sollen schließlich Licht sein auf diesem Weg, um alles

zu übersteigen und in der Erfüllung die Verwirklichung zu finden.
Die *Upanishaden* lehren den Emporstrebenden daher: Seele-„Selbst"-*Atman* ist der Lenker (ātmānam rathinam viddhi), der die Sinne leitet und das Gefährt des Lebens aufwärts steuert – hinauf auf die Höhen des geistigen Everest, den wahren Sitz des erhabensten Geistes.
Fasten, Enthaltsamkeit, Nachtwache, schwere Arbeit, Opfer und unzählige andere Möglichkeiten, die Sinne zu zügeln und keinen Raum zu lassen für genußsüchtiges Begehren, bieten sich an, wenn das Ziel und die Frucht aller Askese einsichtig geworden sind.
Ich habe schon angedeutet, daß Askese und Selbstbeherrschung nur negative Aspekte der geistigen Disziplin sind, die zu Gott führt. Indischer *Yoga*, das gereifte Erzeugnis des sammelnden und zusammenfügenden Genius der Yogis[4] dieses uralten Landes, lehrt beides: die negativen *und* die positiven Seiten der königlichen Straße zu geistlicher Einheit mit dem Erhabensten, dem *Param-Atma*, der höchsten Seele der Seelen, dem Urgeist.
Der achtfache Weg der *Yoga Sutras* des *Patanjali* faßt die asketischen Disziplinen und Praktiken zur Einführung in den spirituellen Weg in zwei Stufen zusammen. Sie werden bezeichnet als: *Yama* (Kontrolle) und *Nyama* (Regulierung).
Yama umfaßt Gebote wie *Ahimsa* (Mitmenschen nicht verletzen), *Satya* (Wahrhaftigkeit in Gedanken, Wort und Tat), *Asteya* (nicht stehlen; ja, nicht einmal wünschen, was anderen gehört), *Brahmacharya* (Enthaltsamkeit und Verehrung Gottes).
Die Befolgung dieser Regeln bringt automatisch die Kontrolle und Meisterung der Sinne mit sich.
Die Regeln des *Nyamas* sind: *Shoucha* (Reinheit des Körpers und der Gesinnung), *Santosha* (Zufriedenheit), *Tapas* (angestrengtes umfassendes Bemühen um das Einssein mit Gott), *Swadhyaya* (Innenschau und Selbstbeobachtung) und endlich *Ishavara-Pranidhana* (Verehrung und Beschauung Gottes).

Die Yoga-Prinzipien, wie sie uns Patanjali überliefert hat, stammen mindestens aus dem zweiten Jahrhundert vor Christus. Als achtfacher Weg ist er von Patanjali folgendermaßen festgelegt worden:
„Yama niyama āsena prānāyāma pratyāhāra dhyāna dhārana Sāmadhi".
Asanas sind Körperhaltungen. *Pränāyām* bedeutet Atemübung. *Prātyāhāra* ist die Abkehr der Sinne von den sinnlich wahrnehmbaren Dingen. *Dhyāna* ist Meditation. *Dhāranā* ist Beständigkeit im Betrachten des Gegenstandes der Meditation. *Samādhi* bezeichnet das ekstatische Bewußtsein ohne jede Tätigkeit des Gehirns oder der Gedanken.
In der einen oder anderen Form begegnet man Yoga-Grundsätzen überall, denn sie sind grundlegend für die praktische Ausübung aller Religionen wie für religiöses und geistliches Leben überhaupt. Man findet sie im chinesischen Taoismus und im Christentum ebenso wie im islamischen Sufismus. Dem Yoga analoge asketische Disziplinen gehören zum Bestand organisierter und nicht-organisierter religiöser Gruppen.
Die indischen Yogis erklären, daß *Yama* (Kontrolle) und *Niyama* (Regulierung) fundamentale und angemessene Bestandteile des Yoga sind, obgleich sie inhaltlich nur negative und vorläufige Forderungen an den stellen, der den Weg des *Yoga* zu gehen bereit ist. Sie haben schließlich eine eigentümliche Yoga-Verehrung entwickelt, die auf Liebe zu Gott basiert.
Es gibt verschiedene *Yoga*-Formen.
Es gibt ein *Yoga der Aktivität*. Sein Anhänger handelt ohne Anhänglichkeit an die Ergebnisse seines Tuns; diese weiht er vorbehaltlos Gott.
Inana-Yoga ist ein Yoga des Wissens durch Erfahrung. Wer sich ihm widmet, sucht die Wahrheit durch intellektuelle Disziplin und Studium und erfährt schließlich auf diese Weise das Eins-sein mit IHM.
Mantra-Yoga, Laya-Yoga und andere legen Nachdruck auf

die positiven Aspekte geistiger Disziplin, welche den Strebenden in die Vereinigung mit Gott führt.

Tatsächlich bedeutet das Wort *Yoga* selbst *Einheit*, Vereinigung sowohl mit dem eigenen Ursprung als auch mit dem höchsten göttlichen *Param-Atma*. Beide sind ja im tiefsten Grunde dasselbe.

Überflüssig, Einzelheiten der positiven Seite spiritueller Disziplin aufzuzeigen, da der Gegenstand unserer Überlegungen die Askese ist, die notwendige Selbstzucht für alle, die auf die höchste geistlich-geistige Ebene gelangen wollen.

Ich kann nur immer wieder betonen, daß höchste Geistigkeit, die Befreiung von Seele-Selbst-*Atman*, nur erreicht werden kann auf dem zweifachen Weg, wie die indischen Yogis und so viele Heilige, Seher und Propheten aller Welt ihn gewiesen und beschritten haben.

Die Erlösung der Seele-Selbst-*Atman*[5] aus Verwirrung, Verstrickung und Angst, die Befreiung von Spannung und Druck sind möglich und gewiß.

Der zweifache Weg zu dieser Erfüllung besteht in asketischer Selbstkontrolle einerseits und totaler Hingabe an das Göttliche andererseits.

Aus dem Englischen übersetzt von Elisabeth Vomstein.

Anmerkungen

[1] *Upanishaden*: Das Wort leitet sich von dem Sanskrit-Zeitwort „neben jemand sitzen" ab. Es bedeutet „vertrauliche Mitteilung". Die Upanishaden enthalten 108 geheime Unterweisungen über die eigentliche Lehre des *Veda* (der göttlichen Offenbarung, wie sie niedergelegt ist in den heiligsten Schriften der Inder), die der Brahmanenschüler von seinem Lehrer erhielt. Sie sind die ältesten philosophischen Traktate der Inder, begonnen um 800 vor Christus, und gelten selber ebenfalls als heilige Offenbarung, die durch Jahrhunderte nur mündlich weitergegeben wurde. Die Upanishaden werden manchmal auch als *Vedanta* bezeichnet, das heißt: als Ende des Veda, Vollendung des Sinns der Offenbarung. (Der Hrsg.)

[2] *Rishis*: Seher, Weise, Verkünder der göttlichen Offenbarung. Sie sind die Stammväter der Brahmanengeschlechter. (Der Hrsg.)

³ *Gita:* „Gesang". Gemeint ist die *Bhagavad Gita,* „Der Gesang des Erhabenen". Der „Erhabene" ist der Held Krishna, eine der zahllosen irdischen Erscheinungsformen des höchsten Gottes Vishnu. Die 700 Strophen umfassende Bhagavad Gita ist ein Teil des mehr als 100000 Doppelverse umfassenden Sanskrit-Epos Mahabharata. Rechtgläubige Hindus halten die Gita für eine göttliche Offenbarung, die Wiedergabe der Lehren Krishnas, der am 17. Februar des Jahres 3102 vor Christus gestorben sein soll, an dem Tage, mit dem das Weltalter begann, in dem wir immer noch leben: das böse *Kali-yuga.* (Der Hrsg.)

⁴ *Yogi,* Anhänger der Yoga-Lehre, einer auf der Grundlage indischer Religiosität entwickelten Erlösungslehre. Auf dem Wege völliger Beherrschung des Körpers (zum Teil auch der vegetativen Reaktionen) durch den Geist erstrebt der Yogi die Vereinigung mit dem Urgeist, der Gottheit. Mittel dazu sind vor allem Kontemplation und Askese. Grundbestandteile der verschiedenen Yoga-Methoden sind Konzentrations-, Entspannungs- und Atemübungen. (Der Hrsg.)

⁵ *Atman* (Sanskrit: „Hauch", „Seele"), zentraler Begriff der Philosophie der Upanishaden. *Atman* bezeichnet nicht die biologisch-animalische Seele, auch nicht die rationale Denkfähigkeit oder Vernunft des Menschen, sondern das in ihm enthaltene unvergängliche geistige Prinzip, das, weil von allen irdischen Erscheinungen verschieden, nur negativ definiert werden kann. Der individuelle *Atman* ist mit dem universalen *Atman* - dem Urgeist, dem göttlichen Urgrund, dem Absoluten, auch *Brahman* genannt - wesenseins. Die Erkenntnis dieser Identität von *Atman* und *Brahman* kommt in der klassischen *Vedanta*-Formel zum Ausdruck: Tat twam asi, „Das bist du". (Der Hrsg.)

Entsagung ist denen natürlich, die überall und in jedem Augenblick das Ganze sehen.

Weil wir fehlen, darum eilen wir.

Der Einsame ist niemals mittelmäßig.

Wer von der Innigkeit zur Größe will, der muß sich opfern.

Rudolf Kassner (1873–1959)

OSKAR KÖHLER
Die Tugenden der Mönche

Falls in einer abendlichen Runde die Rede auf Mönche kommen sollte – vielleicht hat jemand erzählt, da sei ihm doch leibhaftig ein Franziskaner mit Kutte, Kapuze und weißem Strick auf der Straße begegnet –, dann werden in der Regel alle sagen, was sie vom *Zölibat* halten. Einmal angenommen, das Gespräch sei eines und nicht das übliche Geschwätz, dann wird es ein Für und Wider geben. Aber kaum wird die Erzählung von dem Franziskanerpater darauf kommen lassen, daß es nicht nur diese einzige „Mönchstugend" gibt, sondern deren drei: *Keuschheit, Armut, Gehorsam*.

Nun ist es gewiß nicht nur eine Folge unseres besonderen Interesses an der Sexualität, daß die Begegnung mit einem Mönch vorab an den Zölibat denken läßt. Denn das Ideal der „Jungfräulichkeit" hatte in der Tat einen hohen Rang in der Anfangsgeschichte monastischen Lebens. Wobei hinzuzufügen ist, daß Keuschheit mehr bedeutet als Zölibat im Sinne von bloßer Ehelosigkeit. Aber es bildete zusammen mit der Armut und dem Gehorsam jene Trias, die zu leben dem erwarteten „Reich Gottes" die Wege bereiten sollte. War die Besitzlosigkeit bereits vom Vorbild der „Anachoreten", der „Wüstenheiligen", gefordert, so war die Tugend des Gehorsams eine Grundlage für die „Koinobiten", für jene, die in der „*koinonia*", der Gemeinschaft, als „Gottes eigene Familie" leben wollten.

Zu welchen Komplikationen auch immer das Gebot geschlechtlicher Enthaltsamkeit führen konnte, die öffentlichen Bewährungsproben in der ganzen Geschichte des Mönchtums spielten sich in den Problembereichen von Armut und Gehorsam ab. Daß Macht und Reichtum zu den „unheimlichsten Totengräbern" (H. Bacht) des Mönchtums werden konnten, wenn der Anspruch, der Kollektivbesitz der Klöster sei „Eigentum Christi", nur noch eine ideologische Rechtfertigung war, ist offensichtlich. Die von Pachomius (gest. 347), dem Gründer des gemeinsamen Lebens in der Ostkirche, als geistliches Zeichen gefeierte Klostermauer hatte die abschirmende Wüste nicht ersetzen können. Geradezu leidenschaftlich bewahrte Franz von Assisi der Armut, seiner „mystischen Braut", die Treue, als er auf die Leitung seines Ordens verzichtete, der aber dann im politisch infizierten „Armutsstreit" zutiefst erschüttert wurde.
Mehr hinter den Klostermauern erwies sich die Tugend des Gehorsams als eine Forderung, der nicht erst im Zeitalter der „Selbstverwirklichung" schwer zu entsprechen war. Wie aber auch der Gehorsam zu einem öffentlichen Problem werden konnte, zeigte Erika Lorenz in ihrem schönen Büchlein über Teresa von Avila und ihren „Seelenführer". Jerónimo Gracián („Nicht alle Nonnen dürfen das"; Herderbücherei Nr. 1090). Eng verknüpft mit dieser durchaus geistlichen Liebesgeschichte, die hier aus der jede Erotik verdächtigenden Tabuisierung herausgeholt wird, ist die bittere Gehorsamsgeschichte, die nur zu verstehen ist, im Blick auf den „heiligen Gehorsam", der mehr ist als sozialer Funktionalismus.
Der konkrete Konflikt entstand, weil Teresa 1562 ein Kloster gegründet hatte, das gemäß der strengen Karmeliter-Regel des 13. Jahrhunderts reformiert war. Das Volk nannte diese Karmeliten die „Unbeschuhten", die „Discalceati", später die amtliche Bezeichnung dieses Ordens. Es ist nicht verwunderlich, daß der Streit zwischen den „Beschuhten" und den „Unbeschuhten" zu einer hoch politischen Sache wurde. Aber wie stand es um den Gehorsam,

wenn päpstliche Nuntien und Ordensvisitatoren auftraten oder gar der Ordensgeneral selbst Neugründungen verbot? „Herr, wenn Du auch für richtig hältst, was ich möchte, so wende das Herz meines Vorgesetzten, auf daß *er* es befiehlt, so daß ich im Gehorsam bleiben kann": Dieses Gebet Teresas berichtet ihr Seelenführer Gracián, der sehr darunter litt, daß Teresa Karmelitinnen angewiesen hatte, ihm zu gehorchen und so, wie er schrieb, „die Gehorsamspflicht gegenüber den Bischöfen auf die Mönche verlagerte". Die Furcht, die Bischöfe könnten in ihrer „welt"-kirchlichen Perspektive das Mönchsleben beeinträchtigen, wurde bereits im 5. Jahrhundert geäußert (Johannes Cassian). Daß es aber eine Last sein konnte, Gehorsam zu verlangen, und nicht die Lust an der Macht, dies sollte vor leichtfertiger Verallgemeinerung rigoroser Vorgänge warnen. Ebenso wichtig ist es freilich, nicht zu vergessen, welches Problem der Gehorsam bedeuten kann und für Teresa von Avila offenkundig bedeutet hat. Jetzt gilt sie als „Kirchenlehrerin", und ihre hierarchischen Gegner stehen im Dunkeln. Mit bloß formalen Untersuchungen, wer da jeweils „kompetent" war, ist kaum durchzukommen.

Um was es sich im Grunde bei den „Tugenden der Mönche" handelt, kann nur aufgehen, wenn hinter das in der Vergangenheit massiv gewordene Bild einer *Leistungs-Askese* zurückgegriffen wird auf den ursprünglichen Sinn dieser Tugenden. „Ihr Jungfrauen besitzt jetzt schon die Herrlichkeit der Auferstehung": So preist Cyprian von Karthago in der Mitte des 3. Jahrhunderts den Verzicht auf die Ehe. Wie dieser Bischof begründet auch der große Prediger Chrysostomus im 4. Jahrhundert diese auf die Vollendung des Heilsgeschehens gerichtete Aussage damit, daß der „jungfräuliche Stand bei den Erdbewohnern eine Ähnlichkeit des Lebens mit den Himmelsbewohnern bewirkt", weil Engel und Jungfrauen nicht heiraten. Die Armut preist er als ein paradiesisches Dasein: „Die Mönche arbeiten wie Adam, als er am Anfang, noch vor dem Sündenfall, in Herrlichkeit war" und „das Paradies bebaute". Ebenfalls im

Rückgriff auf das Paradies schrieb Augustinus: „Durch den Gehorsam wäre der Mensch ohne Tod zur Gemeinschaft der Engel aufgestiegen, zu einem Leben seliger Unsterblichkeit".

Keuschheit, Armut und Gehorsam sind primär nicht moralische Forderungen, sondern werden verstanden als eine Vorwegnahme der endzeitlichen Wiederherstellung des paradiesischen Urstandes. Darin unterscheidet sich die frühchristliche Askese von einer in der Spätantike weit verbreiteten Theorie und Praxis, wenngleich es da auch Zusammenhänge gibt. So preist Hieronymus den Rückzug der römischen Witwe Marcella und anderer Damen auf ein Landgut mit den Worten der heutigen „Grünen": „Selbstgebackenes Brot, Gemüse aus dem eigenen Garten, frische Milch, alle die Köstlichkeiten des Landes bieten uns bescheidene, aber bekömmliche Nahrung".

Die ganze Geschichte des Mönchtums, die immer neuen Reformen und neuen Ordensgründungen, durchzieht der Wille zum „Aussteigen", nicht aus der Kirche, wie in den revolutionären Bewegungen, aber zum Aussteigen aus ihren weltverhafteten Formen. In der frühchristlichen Askese wurden Kräfte hervorgebracht, „welche die Kirche im folgenden Jahrtausend lebendig erhalten und sie vor der vollkommenen Säkularisierung bewahrt haben" (Adolf von Harnack). Und wie „das östliche Mönchtum in seinen Anfängen eine religiöse Bewegung von der Basis her war" (Suso Frank), so kamen immer wieder die monastischen Impulse „von unten", wenn sie auch „oben" anerkannt wurden. In seinem ursprünglichen Sinn war der Ausstieg nicht horizontal, sondern vertikal orientiert, hin auf die Vollendung der Heilsgeschichte. „Der Eigenwert der Askese steigt, je stärker die Prophetie zurücktritt" (G. Kretschmar); aber je mehr die Prophetie immer wieder erstarkte, desto mehr wurden die Mönchstugenden wieder als Zeichen des kommenden „Reiches Gottes" begriffen, nicht als heilsegoistische Bewährungsfelder, sondern als Momente in jenem umfassenden „Liebesorganismus", den

Ernst Troeltsch als die wesentliche Differenz zur hellenistischen Askese bezeichnet hat.

Askese steht heute wieder in Konkurrenz zur Befreiung in die Sinnlichkeit. Sie ist höchst unterschiedlich motiviert je nach den erstrebten Zielen: Sportmedaillen, Gewichtsabnahme, Fitness schlechthin, aber auch Selbstbefreiung aus den Zwängen der industriellen Gesellschaft, welche Anschauung ernster zu nehmen ist als es die „Packen wir's an"-Mentalität gelten lassen will. Und wenn auch die „Tugenden der Mönche" nicht hoch im Kurs stehen, wie die Klosterstatistik zeigt, so gibt es da wohl doch einige Affinitäten.

Tisa Gräfin von der Schulenburg deutet diese Bezüge an in ihrem schmalen, aber spirituell so gewichtigen Bändchen „Umkehr in die Freiheit – Erfahrungen zwischen Kloster und Welt" (Herderbücherei Nr. 1161) und bringt sie in die mehr als anderthalb Jahrtausende alten Dimensionen der Trias „Keuschheit, Armut, Gehorsam" (nicht ohne Amusement sind die Sätze der adeligen Autorin über die Einübung in den Gehorsam zu lesen).

Die Tugend-Trias der Mönche wurde nicht selten in ihr Zerrbild verkehrt, nicht zuletzt in einer geradezu obszönen Verachtung der Sexualität. Erwies sich gerade auch dann, daß Askese als Selbstzweck entartet, so zeigt umgekehrt die ursprüngliche Tugendlehre der Mönche, was Askese in der Sinnerfüllung des Lebens bedeuten kann.

Es ist Arroganz, wenn sich Mönche mit ihren Tugenden aufspielen.

Aber es ist Torheit, die Askese als Spezialsache einem bestimmten Stand zu überlassen.

ERIKA LORENZ

Das grüne Holz der Askese in Spaniens christlicher Mystik

Askese – das Wort verbindet sich für uns meist mit unlustbetonten Assoziationen: mit Trübsal, Lebensfeindlichkeit, Dürre. Dabei bedeutet es einfach Übung, Einübung – es fragt sich nur, in was? Die Antwort wird je nach Religion und Weltbild verschieden ausfallen. Ein Christ etwa sollte kein Säulenheiliger werden. Dennoch nahm auch die christliche Askese so viel Fremdes auf, daß hier Besinnung nottut. Gewiß zielt sinnvolle Askese immer über sich hinaus, sie übt etwas ein, was den Verzicht relativiert. Sie ist kein dürres Holz, sondern ein grünes, das Wachstum, Blüte und Frucht in sich trägt.

Askese und Mystik

Im Bereich des Religiösen ist *echte Mystik ohne Askese undenkbar.* Anders wird „Mystik" zur Täuschung oder Selbsttäuschung, sofern man unter Mystik die gelebte Gottesnähe versteht, die Gotteserfahrung ermöglicht. Der Mensch ist ein zwielichtiges Wesen, gottfähig, aber doch nicht so ohne weiteres – das will der Mythos von Adams Sündenfall uns sagen. Darum geht es in christlicher Mystik um die Verwandlung des „alten Adam". Diese Verwandlung ist nur möglich durch das Zusammenwirken von Askese und Gnade.

Daß hier gerade von spanischer Askese die Rede sein soll, ist nicht nur zufällig in der Person der Verfasserin begründet. Spaniens Christentum war in der Auseinandersetzung mit religiösen Fremdeinflüssen im eigenen Lande in hohem Maße zur Bewußtmachung des eigentlich Christlichen gezwungen. Das gilt für das Mittelalter mit Islam und Judentum ebenso wie für die Renaissance, die einen neuen Kontinent mit Millionen Andersgläubiger der spanischen Krone unterstellte, während im Mutterland allerlei Sektiererisches rumorte. So kommt es, daß die spanische Mystik, die dem berechtigten Verinnerlichungsstreben der Zeit entsprach, wie keine andere an die Aussage der Evangelien und die Lehre der Kirche angeschlossen ist. Das heißt praktisch: sie steht gänzlich in der Nachfolge Christi, sie übernimmt in Gebet und Askese seine stellvertretende Sühne. Diese Askese bewegt sich ganz nüchtern im Alltag, geht es doch darum, in der Annahme des jeweils Auferlegten nicht dem alten Adam, sondern dem inneren Christus, der der „neue Adam" ist, Lebensraum zu schaffen. Auch das Gebet ist Teil dieser Askese. Schon im 13. Jahrhundert schreibt der große katalanische Mystiker und Philosoph Ramon Llull:
„Ob nun der Beter ißt oder trinkt, schläft oder sitzt, geht oder spricht, kauft, verkauft, hobelt, gräbt, pflügt oder was auch immer – alles gerät ihm zur Anbetung und zu *Deinem* Preis und Ruhme." (LC 315,1)
Das ist eine sehr plausible Form des „immerwährenden Gebets", das manches Kopfzerbrechen verursacht, wenn man nicht in ihm, wie Llull, die innere Haltung der Gottzuwendung erkennt, die als solche schon Übung, also Askese ist. Sie läßt kein ungeprüftes Sichgehenlassen zu, ist doch ihr Sinn und Ziel Übereinstimmung mit Gottes liebendem Willen. So aber versteht sich auch die christliche Unio mystica, die von Teresa von Avila, die sich selbst Teresa de Jesús nannte, ganz klar definiert und abgegrenzt wird:
„Unio mystica ist Einswerden mit dem Willen Gottes. Das ist die Vereinigung, die ich euch allen wünsche, nicht die

hingerissenen Verzückungen, die man mit dem Namen Unio belegt hat." (F 5,13)
Die heilige Teresa ist kein Sonderfall der spanischen Mystik, vielmehr ist sie, wie Reinhold Schneider bemerkte, „der Gipfel eines Gebirges", einer Tradition[1]. Als ein anderer Gipfel wäre der heilige Johannes vom Kreuz zu nennen. Es ist kein Zufall, daß gerade diese beiden großen Karmeliten in unserem nach Gotteserfahrung suchenden Jahrhundert zu Kirchenlehrern ernannt wurden: zuerst Johannes, dann – zum ersten Male eine Frau! – Teresa. Es geht in dieser Mystik um das unbedingte Christsein, um eine das ganze Leben durchwaltende Christozentrik, der alle „mystischen Phänomene" nur Randerscheinungen sind, oft – wie gerade Teresa und Johannes bezeugen – nur schmerzlich als Erscheinungen des Übergangs in Kauf genommen. Entscheidend ist die Tendenz, die von dem in aller Welt als asketischer Schriftsteller berühmten Luis de Granada O.P. deutlich ausgesprochen wurde: Verführerischen Erfahrungen wie Visionen, Offenbarungen und Ekstasen sollte man nur getrost die Tür verschließen, „denn was Gott wirklich offenbaren will, weiß er so mitzuteilen, daß kein Raum für Zweifel bleibt" (LOM II,5,2)[2].

Das Nein und das Ja

Wenn Askese eine Einübung in den Willen Gottes ist, muß sie meiden, was diesem Willen entgegensteht. Das sind aber nicht nur die großen und kleinen Sünden; es ist ebenso das Leistungsprinzip, im Grunde jede Absolutsetzung von Bereichen, die weniger als Gott sind. Daher das paulinische „Haben als habe man nicht" (vgl. 1 Kor 7,29). Nicht weil das, was man da „hat", schlecht wäre, sondern weil wir dazu neigen, uns vor Gott innerweltlich zu verschließen, ja, uns selbstherrlich an seine Stelle zu setzen. Das ist die Tragödie des schönsten Engels, Luzifer, die Ramon Llull als Fall der Engel erläutert: „Ein jeder von ihnen wollte nicht

als Geschöpf, sondern aus sich selber groß sein, aus sich selber alle weiteren (göttlichen) Eigenschaften besitzen. Kurz, jeder wollte Vollkommenheit und absolute Erfüllung aus sich selbst und durch sich selbst." (DA 6) Es geht also um die innere Einstellung – beim Engel wie beim Menschen. Llull hat das in seiner berühmten Zwei-Intentionen-Lehre in aller Klarheit ausgedrückt, die da sagt:
„Gepriesen seist du, Herr, der du den Menschen bestimmtest, dich in seiner ersten Intention zu lieben, zu ehren und dir zu dienen, und so deine erhabene Gutheit zu erkennen. Und für seine zweite Intention wolltest du, daß der Mensch sie auf Güter richte, die ihm aus der Erfüllung der ersten zuwachsen (vgl. Mt 6,33). Er soll sich also des Lebens in dieser Welt so weit erfreuen, als er mit Sicherheit der ersten Intention zu folgen fähig ist." (LC 45)[3]
Diese Fähigkeit ist allerdings nicht leicht zu erwerben, bedingt sie doch den Tod des „alten Adam". Darum kann es auch in Spaniens mystischer Askese zu sehr negativen Formulierungen kommen, die durch ein neuplatonisches leibfeindliches Weltbild verstärkt werden. Erscheint doch dem Neuplatonismus alle Materie als gottfern oder gar gottfeindlich, da sie den Gegenpol bildet zum absoluten Geiste Gottes, dessen Wirken von ihr gleichsam gebremst wird. So gibt es Äußerungen, die in betrüblicher Weise schöpfungsfeindlich klingen. Johannes vom Kreuz schreibt: „Willst du den göttlichen Bräutigam finden, so halte dich von allem Geschaffenen fern, verbirg dich im Rückzug in deine Innerlichkeit, und schließe die Türen hinter dir, das heißt, verschließ deine Seelenvermögen vor allen Kreaturen" (C 1,9f.), ja, er geht sogar so weit zu sagen: „Wer sich dem Geschöpf verhaftet, beschmutzt seine Seele" (1 S 9,1). Es ist aber der gleiche Mystiker, der in aller Unbedingtheit feststellt: „Wer seinen Nächsten nicht liebt, verachtet Gott" (DAL 176), und der die wechselseitige Abhängigkeit von Gottes- und Nächstenliebe hervorhebt (3 S, 23,1).
Johannes vom Kreuz weiß, wie auch seine Mit-Mystiker,

daß bei falscher „Verhaftung" der Fehler beim sich Verstrickenden liegt. Christliche Askese wendet sich darum nicht von der „bösen Welt" ab, sondern bemüht sich um Änderung der *eigenen* Verkehrtheit. Sie beginnt bei der Selbsterkenntnis, die zu fordern neben Teresa und Johannes auch der Arzt und Franziskanerbruder Bernardino de Laredo oder der Dominikaner Luis de Granada nicht müde werden. Laredo setzt bei der menschlichen Grundbefindlichkeit an und antwortet auf die Frage „Wer bin ich?" mit: Staub und Erde, aber auch diese sind Gottes Geschöpf. Luis de Granada gibt klare Anweisungen zur Übung in Selbsterkenntnis, die ihren Maßstab aus Phasen innerer Gottesbeziehung gewinnt. Aber er warnt vor der Übertreibung oder Absolutsetzung eines solchen Übens:
„Doch verweile nicht zu lang in der Betrachtung deiner Sünden. Es gibt Menschen, die damit nie zu Ende kommen, und so geht ihr Leben darüber hin. Mit dem, was gut am Anfang ist, muß man so maßvoll umgehen, daß man damit nicht Besseres fernhält."
(LOM I, 5).
Zu viel Askese, so warnt er weiter, könnte nur die Selbstliebe fördern.
Teresa von Avila ist darum ein wenig bestürzt über die ungeheuren Kasteiungen, die sich ihr geistlicher Vater, der heilige Pedro de Alcántara, auferlegt – wie Hunger, Schlafentzug und andere Härten. Aber ihr gütiger Humor hilft ihr über den Schrecken hinweg, da sie berichtet: „Was Frauen betrifft, so hat er sie all die vielen Jahre niemals angesehen. Mir sagte er, nun mache es nichts mehr aus, ob er sähe oder nicht", und sie bescheinigt ihm nicht nur sein hohes Alter, sondern auch einen anmutigen Geist (V 27, 17–18).
Gottesfreundschaft, ein Leitmotiv der heiligen Teresa, führt nicht zur Abwendung vom Mitmenschen, sondern zur Hinwendung zu ihm, wie sie so bewegend zu sagen weiß: „O mein Jesus, so groß ist deine Liebe zu den Menschenkindern, daß man dir den größten Dienst erweist, wenn man sich nicht dir, sondern ihnen zuwendet, denn dann ist man

dir am tiefsten verbunden" (E 2)[4]. Das fordert freilich Opferbereitschaft und Selbstdisziplin, ist ein Sterben vieler „kleiner Tode". Sogar Teresas Schmetterling, eines der poetischsten Bilder ihres Hauptwerks „Die innere Burg", muß sterben. Sein selig-unruhiges Flattern zwischen Himmel und Erde ist Zeichen von Wandlung und Übergang im alten Ich, aus dessen Sterben ein höheres Leben, das Leben Christi, hervorgeht (7 M 3,1).
Dieses „Sterben, um zu leben" ist gewissermaßen der „Tod des Todes". Bernardino de Laredo sagt es vom Brot der heiligen Eucharistie: „Brot, das den Tod von den Toten nimmt, indem es den Tod tötet" (SMS I, 17). Johannes vom Kreuz spricht zu Gott aus der mystischen Erfahrung: „Wie tödlich kannst du Tod zum Leben führen", und er erläutert: „Der Tod aber ist nichts anderes als Abwesenheit des Lebens, denn wo Leben lebendig ist, bleibt keine Spur von Tod. Die Seele kann das neue Leben nicht vollständig leben, wenn der alte Mensch nicht vollständig stirbt. Die Seele, nun wahre Tochter Gottes, folgt den Bewegungen des göttlichen Geistes. Und das ist möglich schon in der geistlichen Vollkommenheit dieses Lebens." (L 2,32–34) Dazu bedarf es der Askese. Aber alles *Nein* geht auf im großen *Ja:* „In diesem Stande fühlt sich die Seele innerlich und äußerlich wie auf einem Fest, und aus ihrem geistigen Munde klingt der Jubel Gottes, ein neues, immer neues Lied"! (L 3,36)

Heilendes Dunkel

Es geht also nicht um selbstmörderische „Abtötung", sondern um geistig-leibliche Verwandlung. Die ist allerdings nicht leicht, denn der Wandel muß so tiefgreifend sein, daß der Mensch ganz neue Maßstäbe bekommt. Es gilt sich zunächst von Fixierungen zu lösen, die diesem Wandel entgegenstehen. Die traditionelle Mystik teilt den Menschen in einen sinnlichen und einen geistigen, wobei der Durchbruch zur Freiheit (Nichtverhaftung) für den sinnlichen Teil leichter zu vollziehen ist. Darum kann dem heiligen Johannes vom Kreuz zufolge die Läuterung des sinnlichen Teils weitgehend aktiv vom Menschen selbst vollzogen werden (der göttlichen Gnade bedarf es immer!). Es geht hier um das, was wir in der Alltagssprache meist Maß und Selbstdisziplin nennen. Die Läuterung oder Loslösung des geistigen Teils, dessen Verwurzelung tiefer ist, gestaltet sich so schmerzlich und schwer, daß Gott hier die eigentliche Arbeit übernehmen muß. Der Mensch erfährt sie erleidend als Entzug von Freude, von Selbstbewußtsein, ja, sogar von Glaube, Liebe und Hoffnung.

Juan de Avila, der größte Seelsorger des 16. Jahrhunderts, der Volksmissionar Andalusiens (wie man ihn auch nannte), schreibt an eine in tiefer geistlicher Depression befindliche Dame die einfühlenden Zeilen:

„Sie machen schwere innere Kämpfe durch, die Ihre Seele verdunkeln. Manchmal sind Sie in Todesängsten, die aber noch gering sind zu dem schwarzen Verdacht, daß Gott Sie nicht mehr liebt. Und Sie haben das Gefühl zu rufen, ohne gehört zu werden. Schätzen Sie sich wegen dieser jetzigen Erfahrung nicht unselig, sondern glückselig in der Liebe Gottes, auch wenn Sie sie nicht fühlen. Warum wollen Sie sich von den Grenzen Ihres Gefühls behindern lassen, das doch so leicht zu täuschen ist? Gott selbst schickt uns die Prüfung und den inneren Krieg. Überlassen Sie sich, Schwester, nicht Ihrem eigenen Meinen, sondern der Meinung Gottes. Je aussichtsloser Ihre Lage scheint, um so größer ist die Hoffnung auf Hilfe. Denn wo der Mensch mit Rat und Tat am Ende ist, reicht Gott ihm seine Hand."
(E 41)

Diese Seelenverdunkelung, von der der Selige Juan de Avila spricht, hat in den „Nächten" des Johannes vom Kreuz ihre klassische Definition gefunden. Er unterscheidet vom Menschen her gesehen die aktive und die passive Läuterung, wobei die „Nacht" selbst dreigeteilt ist. Er legt die Phasen genau dar:

„Die Seele macht auf ihrem Weg zur Gotteinung eine Erfahrung des Überganges, die wir aus drei Gründen als Nacht bezeichnen können: Erstens vom Ausgangspunkt her, denn die Seele muß anfangs einen totalen Verzicht auf die Freuden und Genüsse dieser Welt leisten. Zweitens von der Mitte oder vom Weg her, den sie im Glauben gehen muß. Der aber ist ihrem Verstand eine sehr dunkle Nacht. Drittens weil Gott, das Ziel und Ende ihrer Wanderschaft, ihr in diesem Leben nicht mehr und nicht weniger ist als nächtliches Dunkel. Diese drei Nächte müssen durch die Seele ziehen, oder richtiger, die Seele muß durch die Nächte gehen, um zur Unio mystica mit Gott zu gelangen."
(I S II 2,5).
Die Nacht ist deshalb so tief, weil die spätere Freude alles Gewohnte übersteigt. Das „Gehen im Glauben" wird schwer errungen, beginnt es doch als Zweifel und Hoffnungslosigkeit. Aber gerade um diese Verwandlung geht es. Johannes, der mit Augustinus die Seele in ihren drei „Vermögen" – Verstand, Wille und Gedächtnis – wirken sieht, weiß sie gottfähig nur, wenn aus diesen Vermögen Glaube, Liebe und Hoffnung, die drei theologischen Tugenden, werden. Das ist möglich, weil in der Dreiheit die göttliche Trinität nicht nur abgebildet ist, sondern auch lebt und wirkt.
Darum ist das Dunkel der Nacht im Grunde nur eine Blendung der schwachen menschlichen Augen vom göttlichen Licht. Nicht das Böse ist mit dem Dunkel gemeint, sondern die Fülle der Gnade, die erst langsam aufgenommen werden kann. Diese wird anfänglich oft auch als Leiden und Depression, d. h. erzwungene Passivität erfahren, für die zunächst auch alles Verständnis ausgelöscht ist – anders könnte die Läuterung nicht geschehen. Johannes vom Kreuz erklärt dies:
„Was aber die Seele am meisten schmerzt, ist ihre feste Überzeugung, daß Gott sie verworfen habe, daß er sie voller Abscheu in die Finsternis verstoße. Sie erfährt das

schwere und bewegende Leiden der Gottverlassenheit, und es scheint ihr, daß dieser Zustand ewig dauern werde".
„Man sieht mit Verwunderung und Bedauern die Seele so schwach und ungeläutert, daß sie Gottes Hand schwer und strafend auf sich lasten fühlt, während er sie doch nur sanft und barmherzig berührt, um ihr seine Gnade mitzuteilen, nicht aber, um zu strafen."
(2 N 5,7).
Wenn der Mensch geduldig ist und allem Anschein zum Trotz Gott gewähren läßt, der durch die Widerstände des Elends den Glauben, die Liebe und die Hoffnung in ihm stärkt, so wird er bereit, im göttlichen Lichte zu leben, in dem die ganze Welt ihm verwandelt erscheint, weil er selbst sich wandelte. Dieses Licht bedeutet keine Erleuchtung im „östlichen", gnostischen oder neuplatonischen Sinne, es ist kein „gehobener Zustand", in den der Mensch sich aus den Niederungen dieses Lebens emporübt. Es ist eine Liebeseinung mit Gott, die befähigt, mit ihm zu lieben und am künftigen Heil der Welt und der Mitmenschen zu arbeiten. Spanische christliche Mystiker, auch der so kontemplative Johannes vom Kreuz, werden im Laufe ihres Lebens immer aktiver. Und die Leiden nehmen zu. Das läßt sich immer wieder aus den Biographien ablesen, gemäß dem Wort der heiligen Teresa: „Meines Erachtens ist die Liebe das Maß für die Größe des Kreuzes, das jemand tragen kann." (CV 32,6) Der Gottgeeinte, der aus der Nacht ins Licht Gekommene, bleibt auf Erden unter dem Gesetz der Kreuzesnachfolge. Aber er erfährt, wie Johannes vom Kreuz es im Rahmen mystischer Traditionen nennt, „das Erwachen Gottes in der Seele", es ist, genauer gesagt, das Erwachen des Gottessohnes: „Das WORT regt sich in ihrer Tiefe mit einer Kraft, Macht und Herrlichkeit, dabei zugleich mit so alles durchwaltender Süße, daß die Seele meint, alle Blumendüfte und Wohlgerüche der Welt durchströmten sie, und die Lieblichkeit bewege die Reiche und Mächte der Erde und des Himmels. Mehr noch: die Kräfte und Vollkommenheiten, das Wesen und die gnadenvolle Schönheit

alles Geschaffenen leuchten auf und schwingen in dieser gleichen Bewegung, einträchtig und gemeinsam." (L 4,4)

Was ist zu üben?

Die ebenso schmerzliche wie beseligende Verwandlung wird auch gern in Anlehnung an Jesu Gleichnisse mit dem Wachsen aus dem sterbenden Saatkorn verglichen, oder, wie García de Cisneros, ein Benediktiner auf dem sagenumwobenen Montserrat, schreibt, es geht wie mit einer Pflanze: „In besseres Erdreich versetzt, erscheint sie zunächst wie tot. Dann aber grünt sie aufs Neue, wird groß und bringt Frucht." (E Prol)
Alles asketische Üben zielt auf solches Wachstum. Es geht also nicht darum, nur dies oder jenes zu tun oder zu meiden, sondern um das innere Heranziehen und Pflegen ganz bestimmter Eigenschaften, durch die Gott näherzukommen ist. Diese Eigenschaften sind, neben den schon erwähnten theologischen Tugenden: Demut, Sanftmut, Geduld und Schweigen. Sie stehen in innerem Zusammenhang. Die Grundforderung zielt auf Demut. Sie ist „die Basis des ganzen Gebäudes", wie der Franziskaner Osuna sagt; sie ist die Wurzel des fruchtbringenden Baumes und auch der Humus, aus dem sich die Wurzel ernährt: „Der heiligste Mensch hat Demut am nötigsten, denn je höher ein Baum wächst, um so tiefer muß er verwurzelt sein." (3 ABC 19,1)
Was ist aber Demut? Sie ist nicht einfach ein Sichducken und Kleinmachen. Sie ist, Teresa sagt es, ein „Wandeln in der Wahrheit", in der Wahrheit des Aufblicks zu Gott, ohne den das Geschöpf nur „Elend und Nichts" wäre, mit ihm jedoch zu allem Guten und Großen fähig (vgl. 6 M 10,8). Demut und Hochherzigkeit sind Schwestern, schreibt Osuna, sie sind die „Flügel, mit denen die Seele zu Gott auffliegt."
„Wenn du es recht betrachtest, besteht die wahre Unzerstörbarkeit der Seele in der Demut. In ihr sind die geistlichen Menschen geborgen, so geborgen, daß sie die Türen

allen weltlichen Eitelkeiten, allem Lob und aller Ehre verschließen, damit man sie nicht finde. Ist doch das Ziel der Demut, den Menschen von sich frei zu machen", sie „treibt uns die Icherfülltheit aus, damit Gott Raum habe in unserem Herzen" (3 ABC 19)[5].
Demut macht frei, denn „das Wachstum deiner Demut beweist zugleich die Abnahme deines Ego. Sie verhält sich wie ein Baum, der sich fruchtbeladen neigt." Sie ist aber nicht leicht und ungefährdet zu verwirklichen:
„Wenn du also innerlich Fortschritte machen willst, so muß vor allem die Demut in dir zunehmen. Bedenke aber, daß gerade sie ihr schlimmster Feind ist, denn wenn der Demütige sich für demütig hält, ist er es nicht, ja, es gibt keinen schlimmeren Hochmut, als wenn der Mensch meint, er sei demütig. Es ist also ein Kennzeichen der Demut, daß sie unbewußt bleibt." (ebda)
Am besten ist sie mit dem geistlichen Wachstum zusammen zu sehen, denn es ist so, „daß Demut immer wächst, sobald wir zunehmen in Erkenntnis und Liebe Gottes." Ebenso verleiht sie die Tugend der Unermüdlichkeit, „denn niemals bist du zufrieden mit dem Erreichten, eher hältst du alles für unnütz" (ebda).
Ihr verwandt ist die Sanftmut. „Sanftmütig nennt man alle jene", schreibt wiederum Osuna, „die in edler Gelassenheit leben und durch äußeres Geschehen nicht leicht zu beunruhigen sind. Sie fordern niemanden heraus, sie grollen nicht, sie üben Selbstdisziplin." Darum erscheinen die Sanftmütigen menschlicher als alle, denen es an dieser Eigenschaft gebricht" (3 ABC III, 4). Demut und Sanftmut verhelfen zur Geduld, der die heilige Teresa einen so hohen Wert zuschreibt, daß sie von ihr sagt, „sie erreicht alles" (P). Geduld nur macht uns die Selbstannahme möglich, Voraussetzung aller wahren Liebe. Juan de Avila schreibt „einer Person", die gar zu begehrlich nach geistlichem Fortschritt und Gottesliebe verlangte: „Ich glaube, daß es ohne Geduld keinen Frieden in dieser Welt gibt; auch halte ich es nicht für wahre Geduld, wenn man den Nächsten erträgt,

ohne sich selbst zu ertragen" (E 52). Das Wort Geduld enthält Duldung und Dulden.
Aus der Geduld erwächst die Fähigkeit zum Schweigen, diese für die spanische Mystik ganz fundamentale Fähigkeit, auch das Denken und Wollen zur Ruhe zu bringen, damit Gott im Innern vernommen werden kann. Viele Bücher sind geschrieben worden, um die Technik dieses inneren Schweigens zu lehren, das in östlicher Meditationspraxis die führende Rolle spielt. Christlich gesehen geht es aber nicht um eine „Entleerung", durch die sich der innerlich Versenkte dem Urgrund verbindet und so dem Kreislauf der Wiedergeburt entrinnt. Es geht nicht um ein Leer-, sondern um ein Stillwerden, in dem das WORT Gottes vernommen wird. Darum ist die christliche Unio mystica auch kein Verschmelzungsprozeß. Der Unterschied der Person bleibt in ihrem Gegenüber erhalten. August Brunner S. J. weist darauf hin, daß bei einer Aufhebung der Person das Heil nicht erreicht werden kann, und nennt die christliche Unio mystica eine „über alle Vorstellungen innige Gemeinschaft"[6].
Das Schweigen ist eine Selbstvergessenheit, die alle Aufmerksamkeit auf Gott gerichtet hält. Ein Stehen vor Gott, wie es der Prophet Ezechiel von „den geflügelten Wesen", den Cherubim, in der Übersetzung Osunas beschreibt: „Sie standen still und aufrecht und senkten die Flügel, als vernähmen sie eine Stimme aus dem Firmament über ihren Köpfen" (Ez 1, 24–25). Osuna erläutert: „Diese Stimme ist die göttliche Einsprechung, die das Ohr unserer Seele einzig durch die spürbare Gegenwart Gottes empfängt." (3 ABC XXI, 4) Das Schweigen des Menschen ist aber auch die Sprache, die Gott am deutlichsten hört. Osuna belegt das wiederum aus dem alten Testament, da Gott dem schweigend betenden Moses antwortet: „Was schreist du zu mir?" (Ex 14, 15)
Dieses „Schweigen", das vor allem ein Einstellen der Reflexion ist, führt zu einer positiven menschlichen Grunderfahrung, die nicht „Erleuchtung" heißt (was die Gefahr der

Verachtung des unerleuchteten Mitmenschen einschließt), sondern einfach Liebe. Osuna sagt es klar: „Ein wunderbares und lobenswertes Schweigen ist das der Liebe, in der unser Verstand ganz still wird, da er eine Erfahrung macht, die ihn zutiefst erfüllt. Wir wissen ja, daß im liebenden Zusammensein beide Partner schweigen, und die Liebe ersetzt den Vereinten, was an Worten fehlt." (3 ABC XXI, 3) So führt das rechte asketische Schweigen nicht zu Aussonderung und Entfremdung. Es vertieft vielmehr die Verbundenheit.

Das Grün der Hoffnung

Wer Askese übt, wer das eine tut und das andere meidet, ist ein Hoffender. Anders wäre die Übung sinnlos. Hoffnung ist zukunftgerichtet und vertraut auf das Erbarmen Gottes. Nicht das eigene Üben gibt Hoffnung auf Erbarmen, sondern die Bindung an Jesus Christus und sein erlösendes Leben und Sterben. Das bedeutet nicht, daß wir alle Furchtbarkeiten des Kreuzes noch einmal gleichsam wörtlich nachvollziehen müssen. Es bedeutet aber, sich der Liebe und Gesinnung Jesu immer mehr anzuverwandeln. Dazu gehört eine Selbstlosigkeit auch der Gottesliebe, die nicht mehr das eigene Heil sucht. Schon Ramon Llull sagte von dem, der sich auf diesen Weg begeben hat: „Nun liebt er den gütigen Gott wirklich um seiner selbst willen, denn er erwartet keinerlei Gaben von ihm, nicht einmal Vergebung der Sünden und Errettung vor ewiger Verdammnis" (Med P 8). Diese Haltung, die auch in der ebenfalls personhaften Sufimystik[7] der Moslems verbreitet ist, die nicht zuletzt in Spanien blühte, findet sich bei allen seinen großen Mystikern wieder und gipfelt in jenem anonymen Sonett des Barock, das mit den Versen beginnt: „Dein Himmel, Gott, vermag mich nicht zu zwingen, daß ich dich liebe, weil sie ihn verhießen"[8]. Aus dem Blick auf Christi Kreuz erwächst kein Habenwollen. Teresa von Avila schreibt einige Monate vor ihrem Tode: Die Seele lebt in völliger

Selbstvergessenheit, und „nie, auch nicht in einer ersten Regung, möchte mein Wille etwas anders, als daß Gottes Wille geschehe," so daß „nur noch der Wunsch bleibt, nach seinem Willen zu leben, ihm immer besser zu dienen und ihm, wenn möglich, eine weitere Seele zu gewinnen, die ihn durch meine Vermittlung liebt und preist. Dieses, auch wenn mir nur wenig Zeit dafür gegeben ist, bedeutet mir mehr als alle Herrlichkeit des ewigen Lebens" (CC 66).

Die „Übung", durch die Teresa letztlich zu dieser Haltung gelangen konnte, ist die betende Vergegenwärtigung Christi. Zu ihren Schwestern sagt sie: „O Seelen, die ihr nicht mit vielem Nachdenken beten könnt, gewöhnt euch doch an diese Übung! Ich bitte euch ja gerade nicht, nachzusinnen, geistreiche Formulierungen zu finden und tiefsinnige Betrachtungen anzustellen. Ich möchte nur, daß ihr ihn anseht. Je mehr ihr euch nach ihm sehnt, um so schneller werdet ihr ihn finden". (CE 42, 1–3)

Entgegen manchen anderen Kontemplationsgebräuchen ihrer Zeit besteht Teresa unbedingt darauf, sich wirklich die Menschheit Christi zu vergegenwärtigen. Sonst fehlt der Kontemplation, so schreibt die Heilige, „die Basis, so gotterfüllt sie auch sein mag" (V 22, 9). Die Heilige hat das allerklarste Bewußtsein, daß dem Menschen keine natürliche Unsterblichkeit und Heilsmöglichkeit gegeben ist, die er sich allein durch eigene Kraft betend und fastend erwerben könnte. Beten und Fasten sind Mittel zur notwendigen Verwandlung, aber nur, weil durch Christus diese Möglichkeit, diese Hoffnung, geschenkt wurde.

Johannes vom Kreuz gebraucht für die Verwandlung das Symbol der Verkleidung. Diese „Gewänder" im *Grün* der Hoffnung, *Rot* der Liebe und im *Weiß* des Glaubens schützen die Seele vor den Nachstellungen ihrer Feinde. Ohne Hoffnung wäre nichts auszurichten: „Das Grün lebendigen Hoffens auf Gott verleiht der Seele eine frische und kühne Beschwingtheit für alle Dinge des ewigen Lebens. Ohne Hoffnung kann die Seele nicht zur Liebe gelangen, sie würde nichts erreichen. Denn in der Liebe bewegt und siegt einzig das unerschütterliche Hoffen" (2 N 21, 1–10). Hoffnung geleitet den asketischen Mystiker zu seinem hohen Ziel:

„Wenn auch die Gotteinung vollkommen erst im jenseitigen Leben erfüllt wird, gelangt doch die Seele schon in diesem zu einem Grad der Vollendung, der ihr gestattet, etwas von dem Wesen zu verspüren, von dessen Unsäglichkeit wir zu sprechen versuchen."
(C 39, 6).

Er erläutert dann seinen Vers „Die Nachtigall mit ihrem süßen Flehen":

„Beim Wehen sanfter Lüfte hebt in der Seele die süße Stimme des Geliebten ihr Lied an, in das sie mit seligem Jubel einfällt. Beider Stimmen nenne ich hier ‚Lied der Nachtigall', denn wie die Nachtigall im Frühling zu singen beginnt, wenn Regen, Kälte und Unbill des Winters vergangen sind und ihr melodischer Gesang das Ohr erfreut und die Seele erquickt, so fühlt auch die Braut im Geschehen der Verwandlung und Liebeseinung in diesem Leben, wenn sie schon sicher und frei ist gegenüber den Wechselfällen des Zeitlichen, geläutert von ihren Unvollkommenheiten, der Leiden und Verfinsterungen der Sinne und des Geistes ledig, einen neuen Frühling in Weite, Freiheit und Freude. In ihm vernimmt sie die süße Stimme des Bräutigams, der lieblichen Nachtigall. So wird ihre Seele im Innersten erfrischt und erneuert, wohlbereitet kann sie dem ewigen Leben entgegengehen, wohin die liebliche Stimme sie süß und beseligend ruft, indem sie singt: ‚Steh auf, meine Freundin, meine Schöne, so komm doch! Denn vorbei ist der Winter, verrauscht der Regen. Auf der Flur erscheinen die Blumen; die Zeit zum Singen ist da.' " (Hohes Lied 2, 10–12; C 39, 8)

Anmerkungen

Die Werke wurden, soweit nicht anders vermerkt, zitiert aus: Erika Lorenz, Der nahe Gott im Wort der spanischen Mystik. Herder, Freiburg i. Br. 1985. Dabei handelt es sich im einzelnen um folgende, durch Abkürzungen gekennzeichnete Originalwerke:

Llull, Ramon (1232–1316)
LC   = Libre de Contemplació en Déu
MedP = Medicina de peccat
DA   = Libre dels angels
Jiménez de Cisneros, García (1455–1510)
E   = Exercitatorio de la vida spiritual
Osuna, Francisco de (1492–1542)
3ABC = Tercer Abecedario Espiritual
Laredo, Bernardino de (1482–1540)
SMS   = Subida del Monte Sión (sein Werk erschien später als das Osunas)
Granada, Luis (1499–1562)
LOM   = Libre de oración y meditación
Avila, Juan de (1499–1569)
E   = Epistolario
Teresa de Jesús – Teresa von Avila (1515–1582)
V   = Libro de la Vida
CE,CV = Camino de Perfección (2 Ms)
CC   = Cuentas de Conciencia
E   = Exclamaciones
F   = Libro de las Fundaciones
M   = Las Moradas del Castillo interior
P   = Poesías
Juan de la Cruz – Johannes vom Kreuz (1542–1591):
C   = Cántico espiritual
L   = Llama de Amor viva
N   = Noche oscura
S   = Subida del Monte Carmelo
DAL   = Dichos de Luz y Amor
Bibelzitate sind nach den Loccumer Richtlinien abgekürzt.

Numerierte Anmerkungen:
[1] Reinhold Schneider: Tagebuch 1930–35. Frankfurt 1983, S. 66.
[2] Luis de Granadas Hauptwerke wurden in 12 Sprachen übersetzt, darunter ins Russische, Polnische, Griechische, Türkische, Japanische.
[3] Die Ramon Llull-Übersetzungen sind zusätzlich dem Herdertaschenbuch Nr. 1198 entnommen: „Ramon Llull, die Kunst, sich in Gott zu verlieben", ausgewählt, übertragen und erläutert von Erika Lorenz, Freiburg i. Br. 1985.
[4] Die Teresa-Übersetzungen sind zusätzlich dem Herdertaschenbuch Nr. 920 entnommen: „Teresa von Avila, Ich bin ein Weib und obendrein kein gutes", ausgewählt, übersetzt und eingeleitet von Erika Lorenz. Freiburg i. Br. ³1984.
[5] Die Osuna-Übersetzungen sind zusätzlich dem Herdertaschenbuch Nr.

938 entnommen: „Francisco de Osuna, Versenkung", ausgewählt, übersetzt und eingeleitet von Erika Lorenz. Freiburg i. Br. ²1984.

[6] August Brunner: Der Schritt über die Grenzen. Wesen und Sinn der Mystik. Würzburg 1972, S. 103.

[7] Sufi, islamischer Mystiker arabischer oder persischer Herkunft. Einige der größten Vertreter wurden im maurisch besetzten Spanien geboren. Überwiegend Schiiten. Die erste Periode des Sufitums verlangt einen asketischen Sieg über die Leidenschaften, Voraussetzung für die Zwiesprache mit Gott. Vgl. dazu auch den Beitrag von William Stoddart: Das Sufitum. Anblicke islamischer Esoterik. In: Wissende – Verschwiegene – Eingeweihte. Hinführung zur Esoterik. Hrsg. von Gerd-Klaus Kaltenbrunner. Freiburg i..Br. – München 1981, S. 72–85 (INITIATIVE 42).

[8] Übersetzt von meinem einstigen Lehrer, dem Hamburger Hispanisten Rudolf Grossmann. In: Spanische Gedichte aus acht Jahrhunderten. Bremen 1960, S. 169.

Der Verzicht auf das Prinzip der Askese hat die Tatsache der Willensunfreiheit im Gefolge. Nur der Heilige überwindet den Trieb, und nur er ist der sichtbare Beweis für die Freiheit ...

Für die ungebrochene, triebfrohe Natur kann es keine Freiheit geben, und auch die gebrochene nähert sich der Freiheit nur. Die Heiligen sind die einzigen vertrauenswürdigen Metaphysiker; sie allein geben eine legitime Auskunft von Gott. Es gibt keinen Heiligen in der Kirche, der nicht ein gewaltiger Asket gewesen, das heißt seine eigene, und die Natur überhaupt mit der größten Skepsis betrachtet hätte. Die christliche Asketik ist eine Lehre von den Methoden, wie man die Natur und den Trieb überwindet, wie man die Freiheit erobert; das Himmelreich will ja nach dem Evangelisten erobert sein. Die generöse Denkart, das Wissen, der Heroismus: die ganze Hierarchie ruht auf dem Prinzip der Askese. Die hohen Dinge sind kostspielig, teuer. Sie kosten die Selbstüberwindung, wenn nicht die Zerschmetterung des ganzen selbstischen Menschen. Man kann sich nicht im Schlaraffenland und in der Civitas Dei zugleich aufhalten.

Die Autorität ist nur asketisch zu garantieren.

Hugo Ball: Die Flucht aus der Zeit (1926).

SIEGFRIED RUDOLF DUNDE

Selbstverwirklichung ohne Selbstbeherrschung?

Was ist das: *Selbstverwirklichung?*
Selbstverwirklichung heißt *Wahl*. Ich entscheide mich für eine Sache und schließe damit andere Dinge aus. Selbstverwirklichung wird häufig verstanden als Entfaltung *aller* Anlagen und Fähigkeiten, über die ein Mensch verfügt. Dies ist als Prinzip auch richtig. Aber hier beginnt das eigentliche Problem. *Man kann gar nicht alle Potenzen gleichmäßig entfalten.* Ich kann immer nur bestimmte Fähigkeiten auf Kosten bestimmter anderer Fähigkeiten und Lebensmöglichkeiten fördern. Niemand kann Familienleben und Singledasein gleichzeitig entwickeln, niemand kann vierzehn Stunden am Tag musizieren und acht Stunden schlafen, zwei Stunden essen, und anschließend noch zehn Stunden als Wissenschaftler tätig sein und so weiter.
Um bei mir selber zu bleiben: ich habe in einigen Bereichen gewählt, mich entschieden, wenn ich auch immer wieder neu (unter Einkalkulierung meiner bisherigen Geschichte) entscheiden kann. Meine schriftstellerischen und psychologischen Fähigkeiten haben für mich im Moment Vorrang vor den musikalischen und sportlichen. Ich beschränke mich also selber, während ich mich verwirkliche. In einem amerikanischen Sprichwort heißt es so schön: „Du kannst den Kuchen nicht essen und ihn behalten".
Selbstbeherrschung klingt für viele Menschen herrisch, unterdrückerisch, lustvermiesend, altjungfernhaft. Doch

meint das Wort etwas anderes: nämlich *Selbstbeschränkung*. Wenn ich wähle und einige Dinge in mir fördere, andere zurückstelle, dann verwirkliche ich mein Sein. Der Akt der Wahl zeigt, daß ich bereit bin, mein Schicksal selber in die Hand zu nehmen, auszusteigen aus dem Marionettendasein, wo die Meinung der anderen, die Überzeugungen und Verhaltensmuster der Herkunftsfamilie, die Richtungsweiser der veröffentlichten Meinung, mein eigenes Zwangsverhalten und meine Suchtmittel meine Existenz bestimmen. Ich wähle, was mir für mich wichtig ist, dies heißt: ich verwirkliche mich, indem nicht mehr andere mich beschränken, sondern indem ich das Königreich meiner Selbstbeschränkung ausdehne, um somit das Königreich meiner Freiheit zu erweitern.

Der Leser, der mir bis zu diesem Punkt gefolgt ist, mag denken: „Ja, das ist mir alles klar. Das sehe ich schon ein. Aber tue ich das nicht schon längst?" Das mag sein, aber ich lade Sie ein, sich ein wenig selbstkritischer anzuschauen – ob Sie diese Einladung annehmen, unterliegt wiederum Ihrer Wahl, ist also ebenfalls ein Schritt der Selbstverwirklichung.

Ich glaube, daß wir uns immer wieder bestimmte Irrtümer einreden, mit denen wir unsere Selbstverwirklichung sabotieren. Tun Sie sich selber einen Gefallen! Lassen Sie sich Zeit, diese Irrtümer zu überdenken und zu überlegen, wie oft Sie ihnen schon aufgesessen sind. Es kann eine großartige Hilfe sein, einmal mit Eintragungen in einem Tagebuch oder auf einem Notizzettel drei bis vier Wochen lang zu beobachten, wie häufig man sich selber diese Irrtümer einredet oder so handelt, als glaubte man ihnen.

Die drei Irrtümer

Irrtum Nr. 1:
Man ist verpflichtet, alles im Leben zu erleben, was überhaupt erlebbar ist, mindestens aber das meiste davon.

Beispiele:
- Wenn alle sagen, einmal im Leben muß jeder ein Single sein, muß ich dies auch tun, auch wenn es mir schlecht dabei geht; wenigstens sollte ich mich schuldig fühlen, wenn ich es nicht probiert habe.
- Wenn die meisten Menschen verheiratet sind, kann ich nur glücklich werden, wenn ich es auch bin. Eine andere Lebensform ist für mich gar nicht denkbar.
- Am besten packt man seine Freizeit lückenlos voll mit lauter Aktivitäten und Erlebnissen, damit man ja nichts verpaßt. Es ist das schlimmste, das passieren kann, wenn man etwas verpaßt. Wenn man sich selbst nur richtig anstrengt, verpaßt man vielleicht nichts (Augenzwinkern: Kennen Sie schon den Mann, der kein tiefes Erlebnis mit dem anderen Geschlecht verpassen wollte und sich deswegen nicht an eine bestimmte Frau binden wollte, der es schließlich tatsächlich schaffte, mit allen der etwa 2,5 Milliarden Frauen auf der Erde zu schlafen?).
- Man hat sich schuldig und unfähig zu fühlen, wenn man seine Langeweile nicht durch rastloses Tätigsein totschlägt. Denn: in der Langeweile könnte man Sinnlosigkeit erleben – doch was gibt es Schlimmeres, als sich mit seiner wahren Situation auseinanderzusetzen?

Falls Sie sich über meine Beispiele ärgern wollen, tun Sie es einfach! Aber gönnen Sie sich das Vergnügen, drei bis vier Wochen zu beobachten, wie Sie selber den Irrtum Nr. 1 begehen. Schon Ihre Beobachtung wird Ihr Verhalten ändern, ohne daß Sie sich für dieses bestrafen müßten. Im Gegenteil: Sie haben allen Anlaß, gut und nachsichtig mit sich umzugehen.

Irrtum Nr. 2:
Du mußt alles gleichzeitig machen (übrigens mein persönlicher Lieblingsirrtum, an dem ich arbeite).
Beispiele:
- Studiere immer mehr als ein Fach gleichzeitig, oder wenn Du anfängst, ein Instrument zu erlernen, nimm noch ein zweites hinzu.
- Du mußt rundherum perfekt sein: Also sorge dafür, daß Du alles kannst und zwar sofort, sonst wird Dich niemand mehr mögen. Die anderen sind zwar auch nicht perfekt und werden (nicht trotzdem, sondern deswegen) geliebt. Aber Du bist die große Ausnahme. Dich werden sie nur lieben, wenn Du ein Universalgenie bist.
- Gib Dich nie zufrieden und gönne Dir keine Rast. Statt eine Pause zu machen lies lieber das neueste Buch, das in allen Zeitungen rezensiert wird. Du weißt ja: es genügt nicht, *eine* Sache gut zu machen, Du mußt an allen Fronten gleichzeitig kämpfen.

Irrtum Nr. 3:
Achte genau auf das, was die Autoritäten für Deine Selbstverwirklichung vorschlagen. Probiere es nicht aus, sondern *glaube* es!
Beispiele:
- Der Pfarrer, der Lehrer, die Eltern, der Psychologe auf der Ratgeberseite, sie alle wissen besser als Du selber, was Du brauchst und was Du tun mußt. Sie nehmen Dir die Qual der Wahl ab.
- Autoritäten haben mehr Recht als Du. Sie wissen besser über Dich Bescheid als Du selber. Was sie Dir raten, ist keine Einladung zu einem Experiment, ob der Rat für dich überhaupt taugt, sondern ein Gesetz. Erfülle es!
- Deine körperlichen Bedürfnisse haben sich den Weisungen der Autoritäten unterzuordnen: Weil die Kirche das Onanieren verbietet, mußt Du es unterlassen; wenn das Diktat des begehrten Idealtyps Deine Figur als zu dick brandmarkt, höre sofort auf zu essen; wenn Du ausruhen

willst oder Dich bewegen möchtest, suche sofort nach einer wissenschaftlichen Begründung und Rationalisierung, warum dies jetzt für Dich nötig ist (denn Du weißt ja: Deine Bedürfnisse *alleine* zählen nicht).

Sie können gleich Irrtum Nr. 2 wiederholen und alles gleichzeitig tun, indem Sie sagen: „Aha, alles ganz einfach. In Zukunft begehe ich diese Irrtümer nicht mehr. Beobachten werde ich mich ja sowieso irgendwie, ich muß aber noch eine Menge anderer Dinge tun, die auch dringend sind. Deshalb ist es ganz unnötig, daß ich mich drei bis vier Wochen lange systematisch beobachte. Ich mache das lieber so nebenbei." Auch dies wäre Ihre Wahl. Über Ihre Selbstverwirklichung entscheiden Sie selber, auch ich kenne Sie nicht besser als Sie sich selbst kennen. Meine Einladung habe ich ausgesprochen, nun beginnt Ihre Verantwortung.

Selbstverwirklichung als Wahl zieht die Qual der Wahl nach sich. Aber wenn jemand erst einmal gewählt hat, beginnt sein Freiheitsraum, er muß sich nicht mehr quälen mit Selbstüberforderung und Perfektionsillusionen. Und er kann seine Wahl immer wieder überdenken und gegebenenfalls korrigieren. Selbstverwirklichung als Selbstbeherrschung bedeutet für mich nicht, sich den Lebensgenuß zu versagen, sondern Selbstkontrolle mit dem Ziel, diesen Lebensgenuß zu bewahren.

Ein Beispiel: Als Psychologe hatte ich an einer Schule für die 12- bis 15jährigen Schüler ein Anti-Rauchen-Programm durchgeführt, weil viele Jugendliche dort bereits vom „Glimmstengel" abhängig waren. Die Teilnahme an dem Programm war freiwillig, und es gab keine Möglichkeit des Zugriffs der Schulleitung auf Person und Namen der Teilnehmer. Entscheidend war nämlich die eigene Entscheidung: Bin ich motiviert genug, zugunsten eines höheren Lebensgenusses (z. B. besser und intensiver Sport machen zu können, das Taschengeld für andere Dinge ausgeben zu können) auf den Anreiz des Nikotins zu verzichten? Möchte ich der Zigarette weiterhin erlauben oder nicht, meine Freiheit und Unabhängigkeit einzuschränken? Ein anderes Beispiel aus meinem persönlichen Leben: Ich neige dazu, zuviel zu essen, wenn ich mir Sorgen mache. Selbstkontrolle als Lebenshilfe bedeutet in dieser Situation für mich nicht, meine Nahrungsaufnahme zu überwachen, sondern meine Probleme zu lösen. Hinterher erlebe ich immer wieder, daß – sind die Schwierigkeiten erst einmal überwunden – ich auch wieder abnehme, weil ich „von ganz allein" weniger esse. Selbstunterjochung (zwanghaftes Abnehmen) würde mir nicht helfen, dabei würde ich mich selber verlieren, mich meiner selbst entfremden.

Zwei gute Schritte

Um Selbstkontrolle nicht als Selbstentfremdung sondern als Selbstfindung zu üben, helfen zwei Überlegungen, zwei Schritte:

1. Nehmen Sie sich so an, wie Sie hier und jetzt sind. Nur wenn Sie sich mögen und so akzeptieren, wie Sie sich bisher entwickelt haben, wenn Sie sich liebevoll und gnädig, aber auch realistisch im Spiegel betrachten, können Sie sich Raum für neue Entwicklungen schaffen.
2. Sie haben ein Recht auf die Frage: Was will ich an mir ändern, was will ich Neues tun? Welche Fähigkeiten und Interessen will ich pflegen, welche anderen werde ich daher zurückstellen? Hier gilt noch mehr: Seien Sie gnädig mit sich selbst – und realistisch! Es gibt Änderungsziele, die unmöglich durchzuführen sind, z. B. „Ich will nie wieder zornige Empfindungen haben", „Ich mag nie wieder zuviel essen", „Ich möchte allen Menschen vertrauen". Und es gibt Änderungsziele, die zu allgemein sind und Sie überfordern: „Ich will ganz und gar anders werden", „Ich möchte in Zukunft total ruhig und rational reagieren", „Ich werde ganz tapfer sein".

Kleine und konkrete Ziele sind besser als allgemeine, denn – dies ist ihr größter Vorteil – sie sind leichter durchführbar und vermitteln eher das Gefühl des Erfolges.

Ein Beispiel für Schritt 1 und 2:
In den sechsten Schulklassen eines Wiesbadener Gymnasiums hatte ich ein Programm zur Motivierung von Zahnhygiene bei Schulkindern durchgeführt (zu deutsch: sie sollten sich die Zähne putzen – und zwar dreimal täglich direkt nach den Mahlzeiten). Zunächst erstellten die Schüler eine Woche lang eine Strichliste, in der sie die Häufigkeit, mit der sie sich nach dem Essen die Zähne putzten, notierten. Erwartungsgemäß tat es fast niemand. Allerdings tadelte ich dieses Ergebnis und damit das Verhalten der Schüler nicht.

Dann verteilte ich Informationsblätter und Übungshilfen, die die Schüler lesen sollten, um die Gründe für eine regelmäßige Zahnhygiene zu erlernen. Um diese Argumente wirklich zu übernehmen und sich also selber von ihnen zu überzeugen (dies meint ja der Begriff: sich selber motivieren), wurde das Programm in einen Wettbewerb eingebettet, bei dem es darum ging, die Argumente für regelmäßiges Zähneputzen einem fingierten Freund brieflich mitzuteilen. Der Gewinner bei diesem Wettbewerb erhielt eine elektrische Zahnbürste. Mit Hilfe von Strichlisten während des Programms und nach Ende des Wettbewerbs konnten die Schüler ihr Zahnhygiene-Verhalten selber kontrollieren. Tatsächlich erlernten es die meisten Schüler, die Zähne nach dem Essen erheblich häufiger als bisher und vor allem regelmäßig zu putzen. Den Erfolg dürfen sie sich selber zuschreiben. Ihrer mangelhaften Zahnhygiene hatten sie aus eigener Kraft und eigenem Ansporn „die Zähne gezeigt" – und sich somit wiederum ein Stück weiter auf dem Weg zur Selbstverwirklichung bewegt.

Zahnhygiene – ist das nicht ein wenig zu banal für die Fragen nach Askese, Selbstverwirklichung und Selbstkontrolle? Ich meine, daß es nicht bloß die „großen" Dinge sind, sondern auch unser Alltag, der darüber entscheidet, ob unser Leben gelingt. Wenn sich jemand für seinen Alltag selber Regeln setzt (und sei es nur, daß er sich pflegt und reinigt), ist die Chance hoch, daß er auch in schwierigen Lebensentscheidungen sein eigener Schiedsrichter, der Bestimmer seines Schicksals sein kann. Selbstverwirklichung heißt dann, sich aus den Klauen der Entfremdung und zwanghaften Entäußerung zu befreien und sich zu fragen, was man selber möchte, welche Regeln für einen selber gelten sollen. Das bedeutet nicht Willkür. Denn wenn ich sorgsam mit mir umgehe, werde ich keine Regeln für mich aufstellen, die mir selber schaden und anderen ein Leid zufügen, das ich absichtlich herbeiführen wollte (Erlaubnis zu Mord, Raub, Erpressung z. B. sind solche „sinnlosen" Regeln, die in Wirklichkeit den Raum der Autonomie nicht erweitern, sondern drastisch reduzieren, denn andere werden mich gefangensetzen müssen, um sich vor mir zu schützen, sollte ich solche „Regeln" für mich anerkennen).

So mag ich den Titel des Beitrages jetzt ein wenig verändern: *Selbstverwirklichung durch Autonomie.* Die Gestalt der Autonomie erkenne ich in der *Selbstkontrolle. Dies ist die Form von „Askese", die ich von Herzen bejahe.*

Literatur

Dunde, Siegfried R.: Motivation zur Selbstkontrolle. Am Paradigma Zahnhygiene (Diplomarbeit). Mainz 1978.

ders.: Auf dem Weg zum Ich. Schritte zur Selbstverwirklichung. Gütersloh 1984.

Lazarus, Arnold, Allen Fay: Ich kann, wenn ich will. Anleitung zur psychologischen Selbsthilfe. München 1985.

Pütz, Arnold: Einstellungs- und Verhaltensänderung bei Jugendlichen mit sozial abweichendem Verhalten. Stuttgart – Berlin – Köln – Mainz 1976.

Rautenberg, Werner, Rüdiger Rogoll: Werde, der du werden kannst. Freiburg [4]1984.

Rogoll, Rüdiger: Nimm dich, wie du bist. Freiburg [8]1980.

Schmidt, Ferdinand: Raucherentwöhnung. Reinbek 1984.

Watson, David, Roland Tharp: Einübung in Selbstkontrolle. München [2]1975.

Wer sein selbst Meister ist und sich beherrschen kann,
Dem ist die ganze Welt und alles untertan.

Paul Fleming: An sich

FRANK ARMBRUSTER

Wonnen der Qualen

Sport und Askese

Sport ist Mord – ist Sport Mord?

Ein Bild ging um die Welt: Es zeigte die Schweizer Marathonläuferin Gabriele Andersen-Schiess im olympischen Marathon von Los Angeles, wie sie sich nach einem Hitzekollaps torkelnd ins Ziel schleppte. Die Funktionäre belohnten sie mit Beifall, die Kritiker tadelten ihr Verhalten als unsinnig und gar schädlich, wenn auch typisch für den ganzen Leistungssport. Denn: welchen Nutzen sollte ein solches Treiben haben? Dient es vielleicht der Gesundheit? „Marathon-Untersuchung: Gesundheit ein Irrtum", lautet kurz und bündig das Ergebnis einer Befragung von 1400 Läufern. 75% der Leistungssportler und 50% der Hobby-Läufer klagen über Muskelverletzungen und Kniebeschwerden, die in Form von Muskelzerrungen und -rissen und als Knorpelerweichung der Kniescheibe vorkommen[1]. Doch auch seine Knochen und Sehnen kann der Läufer ruinieren durch Spaltbrüche (feine Haarrisse), Knochenhautentzündung am Fersenbein, Kalkaneussporn (Knochenauswuchs am Fersenbein), Knöchelbeschwerden, Achillessehnenentzündung und Schmerzen am Schienbein. 7000 Sportmediziner und 2500 Sport-Physiotherapeuten pflegen allein in der Bundesrepublik Deutschland die auf solche oder andere Weise Lädierten. „Nach Los Angeles sind von unseren 58 Leichtathleten bereits 41 mit Verletzungen gefahren. Es war ein Kunststück unserer Ärzte und Krankengymnasten, daß sie so viele zum Start und einige zu Medaillen gebracht haben," vertraute Eduard Friedrich vom Bundesausschuß Leistungssport der Presse an[2]. Und wenn schon die „gesunden" Sportarten so krankmachen, wie muß es dann dort zugehen, wo geboxt, gerungen, gestemmt wird! Allein die Wettkampfvorbereitungen von Ringern machen den Sportsfreund erschauern, der da gemütlich bei Bier und Knabbereien die Sportschau verfolgt. So schindet sich der Ringer Markus Scherer vor internationalen Wettbewerben und für Bundesliga-Kämpfe so lange, bis er sieben Kilogramm von seinem Normalgewicht ausgequetscht und das Limit von 48 Kilogramm für Papiergewichtler erreicht hat. Das gelingt nur durch eine Roßkur, die Gesundheit und Willenskraft herausfordert. Eingehüllt in Schwitzanzüge, die luftdichten Plastikfolien ähneln, mit gestrickter Mütze oder Kunststoffkapuze auf dem Kopf triezen sich die Ringer. „Man meint zu ersticken, will am liebsten die Sachen herunterreißen, und dann muß man noch Liegestütze machen."[3]

Welche Gewalten treiben die Ritter der Aschenbahnen und Kunststoffmatten zu solch unerhörten Selbstkasteiungen? Entladen sie ihre Auto-Aggressionen? Praktizieren sie eine kümmerliche Art der Selbstbestrafung? Sind sie vertrackte Masochisten? Zerquälte Hypochonder? Versteckte Zwangsneurotiker, die auf ihren Trainingsritus fixiert sind? Von Minderwertigkeitsgefühlen Niedergedrückte, die sich am sportlichen Erfolg aufrichten wollen?

Mögen die Psychologen bei der Motivsuche fündig werden[4]!

Die Sportler aller Zeiten und Disziplinen kennen zumindest eine der sie treibenden Gewalten: den Siegestriumph.

„Beseligt ist, wen ehrender Ruhm umfängt," sagt Pindar vom Olympiasieger. Mit purpurnem Wollfaden wurde seine Schläfe umwunden, dann nahm er aus der Hand des Kampfrichters einen Palmzweig entgegen. Am letzten Tag der Spiele wurde er mit einem Kranz jenes Ölbaums geehrt, den der Sage nach Herakles gepflanzt hatte. Dann wurde er in einem festlichen Zug nach Hause geleitet, und in seiner Heimat wurde er in der Ehrenliste verzeichnet.

„Einmal oben stehen und die Hymne hören ..." schwärmt Markus Scherer[5]; dafür scheint sich die Quälerei zu lohnen. Oder der Kunstturner Eberhard Gienger: „Mir hat es immer Spaß gemacht, mich zu bewegen, aber auch anderen zu zeigen, daß ich etwas kann, oder sogar anderen zu beweisen, daß ich besser bin als sie."[6] Oder der Hürdenläufer Edwin Moses: „Ich führe in der Verantwortung vor Gott ein gesundes und diszipliniertes Leben. Zur Lebensfreude gehören für mich Erfolgserlebnisse, sofern sie mich nicht hochmütig machen."[7]

Dieses Triumphgefühl erleben zu dürfen spornt also viele Sportler zu ihren geradezu unmenschlich anmutenden Trainingstortouren an: Fünf, sechs und mehr Stunden Tag für Tag, Woche für Woche, Jahr für Jahr die gleichen Bewegungsabläufe einüben, bis sie maschinenhafte Präzision erreicht haben; immer und immer wieder schwere Gewichte hochwuchten, bis sie sich zu vielen Tonnen addiert haben; 70, 80, 100 Kilometer pro Woche traben, sich steigern, spurten. Nichts Überflüssiges, nichts Unbedachtes essen; sorgfältig Vitamine, Eiweiß und möglichst wenig Kohlehydrate und Fette zusammenstellen; dazu eine penibel geregelte Lebensweise ohne Alkohol, Nikotin, sexuelle Exzesse; dazu die Transfusion von Eigenblut und heimlicherweise die Einnahme von Anabolika, um die Leistungsfähigkeit zu steigern. Gelebtes „ewiges Spartanertum" (Spranger); Askese in des Wortes ursprünglicher Bedeutung, nämlich Vorbereitung und Übung für den Wettkampf. Der Athlet als der Asket der Moderne. „Nicht der Heilige, der in Hunger und Durst und Selbstpeinigung, bleichwangig und mit brennenden Augen bislang den Typ des Asketen repräsentiert hat, sondern der Olympiakämpfer, der auf vieles verzichtet, um eines, nämlich den Sieg auf der Olympiade, zu erringen, sollte der Prototyp sein."[8]

Die Goldmedaille, die Meisterschaft, der Rekord sind der

Lohn für den hohen Einsatz, doch eingesetzt werden nicht nur Zeit, Entbehrung und Schinderei, sondern oft auch, wie gezeigt wurde, die Gesundheit. Der Rest sind zerschundene Gelenke, lädierte Bänder und erweitertes Läuferherz. Und dies alles für solch flüchtigen Ruhm, der nicht einmal in der Realität, sondern im Spiel wurzelt.

An diesem Punkt setzte schon immer die Kritik an. Nicht erst in der Neuzeit, sondern schon so lange, wie es den Sportbetrieb als eigenständige Erscheinung gibt.

Aus dem fünften Jahrhundert vor Christus kommen die kritischen Äußerungen des griechischen Dichters und Philosophen *Xenophanes:* „... besser als Männer- und Rossekraft ist doch unser Wissen ... Denn wenn auch ein tüchtiger Faustkämpfer unter den Bürgern wäre oder wer im Fünfkampf oder in der Ringkunst hervorragte oder auch in der Schnelligkeit der Füße, was ja den Vorrang hat unter allen Kraftstücken, die sich im Wettkampfe der Männer zeigen, so wäre doch um dessentwillen die Stadt nicht in besserer Ordnung."[9]

Der Tragiker *Euripides* erklärte die Athleten sogar zu den schlimmsten aller Übel Griechenlands.

Der aus Pergamon stammende *Galenus,* neben Hippokrates der bedeutendste Arzt der Antike, diagnostizierte: „Wie nämlich die von Sturmböcken durchrüttelten Mauerteile leicht vor der nächsten besten Beschädigung zerfallen, da sie weder ein Erdbeben noch sonst eine Erschütterung mehr aushalten können, so neigen auch beim nächsten besten Vorwand die Körper der Athleten zur Krankheit, da sie gebrechlich und schwach geworden sind durch Schläge, die sie in ihrer Tätigkeit erlitten haben."[10]

Der moderne Sport entstand mit der Industrialisierung. Das sehe man ihm auch an, urteilen die Kulturkritiker von links und von rechts in seltener Einmütigkeit.

Hier wie dort sei das Prinzip die arbeitskonforme Rationalisierung, herrsche ein repressives Leistungsprinzip und ein inhumanes Konkurrenzverhalten; auf perfide Weise werde der Sport außerdem als Mittel der „Systemstabilisierung"

mißbraucht, indem über ihn überschüssige Energien abgeleitet würden.
Den ersten größeren Versuch einer psychologischen Deutung des modernen Sports legte *Alfred Peters* vor[11]. Für ihn ist der Sportler auf der Flucht vor seiner inneren Leere, ein im tiefsten Grunde nihilistischer Typus, der sein Heil in dauerhafter Selbstbetäubung suche. Er gelange zur totalen „Selbstbeherrschung", zur vollkommenen „Verfügung über sich selbst", durch „Disziplin, durch prinzipiellen Verzicht, durch Askese." Doch sei er nicht durch des Asketen Seelengröße ausgezeichnet, da er ja nicht mit freier Stirn und aus der Fülle der irgendwie lebendig erfaßten Möglichkeiten heraus die Schlacken der Materie absondere. Mit dem Asketen teile er nur ein Negatives: die mangelnde Unmittelbarkeit, die sich in einem reflektierten Verhältnis zum Leben äußere[12].
Für *Friedrich Georg Jünger* steht die Entfaltung des Sports im Zusammenhang mit der fortschreitenden Mechanisierung, so daß er selbst immer mechanischer geübt werde und den Menschen selbst in eine Art Maschine verwandle. Auch Jünger vergleicht die Sportler mit Asketen, doch auch er schränkt diesen Vergleich ein, indem er darauf hinweist, daß man sich hier nicht unter Leuten befinde, die aus einem Überfluß an Lebenskraft zu kraftvollen Ausschweifungen neigten, sondern unter einem Schlage von Professionisten, die eine genaue Ökonomie ihrer Kraft beobachteten und auf die sparsamste Weise mit ihr umgingen[13].
Das Maschinenhafte des Sports verpönt auch *Theodor Adorno*. Der Sport sei nur scheinbar leibbefreiend, in Wirklichkeit aber ähnele er „den Leib tendenziell selber der Maschine an", und er diene dazu, „die Menschen zur Bedienung der Maschine um so unerbittlicher einzuschulen", darum gehöre er ins „Reich der Unfreiheit, wo immer man ihn auch organisiert."[14]
Jürgen Habermas fühlt sich ebenfalls genötigt, den Sport zu demaskieren, denn dieser sei längst zu „einem Sektor der Arbeitsrationalisierung geworden." Unter dem Schein des

Spiels und der freien Entfaltung der Kräfte verdopple er
die Arbeitswelt; die Individuen würden ihm unter der
Hand zu Substraten von Maßeinheiten. Der Trainingsprozeß des Hochleistungssportlers beginne wie ein Produktionsprozeß im Forschungslabor. Die Olympiasiege würden von Ärzten entschieden wie der Produktionsplan von
den Ingenieuren[15].
Doch all diese kritischen Stimmen blieben auf eigentümliche Weise resonanzlos, zumindest bei den Aktiven und ihren Funktionären.

Zum größeren Ruhm des Vaterlandes

Der Hochleistungssport wurde sogar noch aufgewertet.
Spätestens ab 1936 fiel er in die Hände von Staaten, die ihn
zum nationalen Prestigeobjekt kürten. Auf der Berliner
Olympiade wollten die Nationalsozialisten der staunenden
Welt durch Goldmedaillen die Überlegenheit der arischen
Rasse unter der neuen völkischen Führung beweisen.
Schutz von Rasse und Volk, Erziehung zum Nationalsozialismus und Stärkung der Kampfkraft waren denn auch die
erklärten Ziele der nationalsozialistischen Sportpolitik.
„Die Überwindung von Schwierigkeiten, die Höchstleistungen des einzelnen oder eines Kollektivs sollen nur den einen Zweck haben, die durch Sport und Spiel gestärkten
Kräfte in den Dienst des Schutzes von Rasse und Volk zu
setzen. Auch die Leibesübungen haben die Aufgabe, zur Erziehung eines fanatischen Nationalsozialismus zu veranlassen, und der Sport und die Turnerei sollen nur als Training
zu einem Kampf erscheinen."[16] Das ganze Volk wird zu
sportlicher Tätigkeit aufgerufen und soll seine Leistungsfähigkeit durch den Erwerb von Sportabzeichen beweisen.
„Der neue Staat verlangt ein widerstandsfähiges, hartes Geschlecht," verfügt in diesem Sinne die Stiftungsurkunde
zum SA-Sportabzeichen[17]. Das weitere Schicksal dieses widerstandsfähigen, harten Geschlechtes ist bekannt.

Nach dem Zweiten Weltkrieg sind es vor allem die kommunistischen Staaten, besonders aber die Sowjetunion und die DDR, welche die Überlegenheit ihres Systems durch sportliche Erfolge manifestieren wollen.
Die DDR geht mit wissenschaftlicher Akribie vor. Dort werden nämlich die sportlichen Talente durch reihenweise Vermessungen und ärztliche Untersuchungen schon im Kindesalter aufgespürt und in eigens eingerichteten Schulen zu Siegen vorbereitet[18]. Denn: „Sportliche Höchstleistungen sind ein Ausdruck der Leistungsfähigkeit der gesamten sozialistischen Gesellschaft, der schöpferischen Tätigkeit der Sportler, Trainer, Sportwissenschaftler und Sportärzte. Die Leistungen der Meister des Sports erhöhen das Ansehen der DDR und sind das erstrebenswerte Vorbild der jungen Generation."[19] Noch deutlicher drückte sich Walter Ulbricht aus: „DDR-Sportler auf den Siegespodesten bei Welt- und Europameisterschaften, das ist die beste Antwort an die Adresse der Bonner Alleinvertreter und Revanchisten."[20] Härte, Treue zur Regierung und Verteidigungsbereitschaft soll der Sport auch bei den Bürgern der DDR bewirken. „Die Regierung muß dafür sorgen, daß in der Deutschen Demokratischen Republik gesunde, frohe, kräftige und willensstarke Menschen heranwachsen. Menschen, die ihre Heimat lieben, fest zur Regierung ... stehen, ... die mit Willenskraft, Härte, Ausdauer und Mut alle Schwierigkeiten überwinden, die von unversöhnlichem Haß gegen alle Feinde des Friedens und des Fortschritts erfüllt sind und die sozialen Errungenschaften unserer Werktätigen gegen alle Bedrohungen schützen und verteidigen."[21] Alljährlich werden auch in der DDR Millionen von Menschen zum Erwerb des Sportabzeichens mit dem bezeichnenden Titel „Bereit zur Arbeit und zur Verteidigung der Heimat" aufgerufen.
Wie sich die Begriffe und Taten gleichen ...
Dies sind nur die offiziellen Appelle und Erklärungen. In welchem Maße sie die Sportler wirklich motivieren, läßt sich natürlich nur ahnen. Tatsache ist, daß die Spitzensport-

ler der DDR Privilegien – von Bananen bis zu Auslandsreisen – genießen wie sonst nur die herrschende Funktionärsschicht. Und dafür kann man schon einiges an Strapazen auf sich nehmen.

Per aspera ad astra

Geradezu übermenschlich hartes Training, jahrelange Entbehrungen, Verzicht auf die Annehmlichkeiten des Lebens, ausmergelnde Askese zur Befriedigung der Rekordsucht und zur Mehrung nationalen Prestiges – sind damit wirklich die Antriebskräfte der Athleten hinreichend erklärt? Vielleicht diejenigen der Spitzensportler in einer relativ kurzen Zeitspanne ihres Sportlerlebens. Nach ihren weiteren Motiven, vor allem aber nach denen der gewöhnlichen Sporttreibenden wäre deshalb noch zu suchen.
Man wird sie am ehesten in der Einsamkeit des Langstreckenläufers finden.
„Das ganze ist erheblich sinnlos", resümierte der Schriftsteller G. Herburger in einer Fernsehsendung nach dem Hundert-Kilometer-Dauerlauf von Biel in der Schweiz. Das wußte er schon vorher, und dennoch lief er mit Tausenden von Läufern durch die Nacht, gegen Erschöpfung, Unlust, Schmerzen an. In sechseinhalb Stunden ist der Sieger des Wäldercups hundert Kilometer auf Langlaufskiern über die Höhen des Schwarzwalds hinweggeglitten. Kräftezehrende Anstiege und schwierige Abfahrten auf Hohlwegen hat er hinter sich; vereiste Hochflächen waren zu meistern, schier endlose Streckenabschnitte durch die tiefverschneiten Wälder; am Feldberg mußte die Attacke des hartnäckigen Verfolgers abgewehrt werden; endlich, endlich das Zieltor. Geschafft! Welche Wonne der Welt gleicht der, die jetzt ein kühles Bier schenkt! Was könnte so unendliches Behagen verströmen wie jetzt die prasselnde Dusche! Diese Läufer waren nicht angetreten, um die Ehre des Vaterlandes zu mehren oder um Medaillen zu erringen. Die al-

lermeisten von ihnen dachten auch nicht an den Sieg; viele Läufer brauchen nicht einmal einen Gegner, den sie übertrumpfen können. Es genügt ihnen, durchgehalten und sich selbst überwunden zu haben.
Was den Sportler in solchen Augenblicken bewegt, beschrieb „Turnvater" Jahn so: „Man trägt ein göttliches Gefühl in der Brust, sobald man erst weiß, daß man etwas kann, wenn man nur will."[22]
Karl Adam, der erfolgreiche Trainer des Ratzeburger „Goldachters" verstand es, die Selbstbestätigung, die aus der erbrachten hervorragenden Leistung kommt, zu einer Kraft werden zu lassen, die über Unlustgefühle hinwegzieht. „Je stärker die Unlustgefühle waren, die überwunden werden mußten, um eine Leistung zu vollbringen, desto stärker ist das Gefühl der Selbstbestätigung, das aus dem Bewußtsein der vollbrachten Leistung fließt. Dies ist das eigentliche Motiv des Leistungssports, dies ist die Ursache für den „asketischen Zug" ... Der Leistungssport gewöhnt daran, die Unlust, die mit dem Erzwingen hoher Leistung verbunden ist, zu überwinden, um in den Genuß der Selbstbestätigung zu kommen."[23]
Hiermit ist die eigenartige Metamorphose angedeutet, die der Läufer während seines Laufes durchlebt. Hat er erst einmal die Trägheit seines um Ruhe bittenden Körpers überwunden, wird ihm die Anstrengung zu einem Quell der Wonnen, verwandelt sich die Last zur Lust. „Er nimmt das Leid an – nicht in kraftloser Ergebenheit, sondern er sucht es in geheimer Lust, mit Inbrunst, mit Leidenschaft, in einem Rausche der Hingebung. In diesem Augenblick vollzieht sich im Menschen eine unerhörte, wunderbare psychische Wandlung: Die Lust zur Last macht die Last zur Lust. Das ist das Erlebnis des Sportes."[24]
In diesen Rauschzustand wird der Läufer nach zwanzig bis dreißig Minuten Laufen versetzt, durch Stoffwechselvorgänge, durch eine Sauerstoffdusche, durch den Gleichtakt seiner Schritte: tausend um tausend Mal; Gedanken durcheilen, Gefühle durchwallen ihn in seltener Klarheit und In-

tensität; am Ende des Laufes ist ihm sein Körper nahe wie sonst nie. Er ist glücklich und gelöst. In diesen Augenblicken hat er einen Mythos verwirklicht: den Mythos vom geistbeherrschten Leib. Der Leib drückt den Geist nicht mehr auf die Erde hinunter, sondern der Geist reißt den Leib zum Himmel empor. Doch diese Wandlung ist nur nach harten Prüfungen möglich; je größer die erduldeten Schmerzen, um so größer das gewonnene Glück. Wer sich genügend geschunden hat, darf beanspruchen, hinfort vom Leid geschont zu werden. Solche Vorstellungen sind archetypisch; sie begegnen uns in unzähligen Märchen, mythologischen Erzählungen und Dichtungen, in denen der Held geprüft und gequält wird, bis er nach überstandener Bewährungsprobe die Königstochter samt dem Königreiche zum Lohn erhält.

Diese Motive bewegen den echten Läufer in seinem tiefsten Inneren, nicht der Wunsch, seine Gesundheit zu erhalten oder wiederzugewinnen oder sein Körpergewicht zu regulieren – solche Gründe mögen ihn anfänglich zum Laufen verleitet haben, sie verlieren jedoch bald ihre Kraft.

Nicht nur unterwegs will der Läufer diesen Mythos verwirklichen, sondern durch seine ganze Lebensweise. Sein Wohlstandsbauch kommt ihm schäbig vor, er schämt sich seiner Raucherlunge, seines Faulenzerherzens, seiner Säuferleber. Er lernt es, die Bewegung zu seinem Lebenselixier zu machen. Das hilft ihm dabei, seine Trägheit zu überwinden, seine Gelüste zu meistern, seine Begierden zu zügeln. Zigaretten schmecken ihm schließlich ganz einfach nicht mehr; er wird zwar nicht hypochondrisch auf einen guten Tropfen und ein leckeres Essen verzichten, aber er füllt sich nicht mehr gedankenlos ab. „Jeder, der im Wettkampf steht, enthält sich von allem", schreibt Paulus an die Korinther. Und er fährt fort: „Jene tun es, um einen vergänglichen Kranz zu empfangen, wir aber um eines unvergänglichen willen." (1. Kor 9,25)

Hier drängt sich aber die Frage auf: Lohnt sich eigentlich die Mühsal um eines „vergänglichen Kranzes" willen?

Sie lohnt sich natürlich nicht, wenn dieser Kranz das einzige Ziel ist. Sie lohnt sich nicht, wenn der Leib vergötzt wird und ein Kult der Schönheit, Schlankheit und Jugendlichkeit um ihn getrieben wird. Sie lohnt sich auch nicht, wenn Sport und Askese in einem lebensfeindlichen Übermaß die Gesundheit zugrunde richten.

Die Askese kann nämlich sowohl dem Lebens- wie dem Todestrieb entspringen. Sie kann zerstörerisch, sie kann aufbauend wirken. Sie kann aus Lebensangst alle Triebregungen gewaltsam unterdrücken; sie kann in Lebensfreude die Vitalität formen; so wie man einen Brunnen zum Versiegen bringt, wenn man ihm das Wasser abgräbt, oder aber ihn zu kräftigerem Sprudeln bringt, wenn man seinen Strahl eine Weile zurückhält; oder wie man einen Baum zum Höherwuchs bringt, wenn man ihm die seitlichen Zweige stutzt. In diesem Sinne handelt der asketische Sportler, der bewußt seinen Leib gestaltet, und zwar aus dem Wissen heraus, daß Leib und Seele die beiden gleichberechtigten Pole seiner Persönlichkeit sind. Er weiß, daß Gesundheit und Wohlergehen des Leibes die Voraussetzungen für Gesundheit und Wohlergehen der Seele sind – und umgekehrt. Deshalb erhält er sich durch körperliche Übungen und zuchtvolle Lebensweise die Spannkraft der Seele und Konzentrationsfähigkeit des Geistes. Depressionen läuft er sich von der Seele, Streß löst er in körperlicher Anstrengung auf; er gewinnt an Vitalität und seine Lebensgrundstimmung hebt sich.

Hier wäre auch an das meistens unvollständig zitierte Wort des Juvenal zu erinnern: „Orandum est ut sit mens sana in corpore sano." (Man kann annehmen, daß eine gesunde Seele im gesunden Körper sei.)

Beispiele bedeutender Menschen bestätigen diese Annahme.

Von *Sokrates* wissen wir, daß er einen trefflich geschulten Körper besaß und sich im Krieg rühmlich bewährte. *Platon* war Ringer und soll nach der allerdings nicht sehr zuverlässigen Überlieferung des Diogenes Laertius bei den Isthmischen Spielen als Wettkämpfer aufgetreten sein sowie nach diesem auch *Pythagoras* bei der 48. Olympiade (588–585) Sieger im Faustkampf gewesen sein soll. *Cäsar* konnte es an Kraft und Ausdauer mit jedem Soldaten aufnehmen. *Leonardo da Vinci* war von außergewöhnlicher Gewandtheit, Schönheit und Stärke, die er auch durch körperliche Übungen schulte, so daß er ein wild dahergaloppierendes Pferd im Lauf ergreifen oder ein Hufeisen mit der bloßen Hand biegen konnte, als wäre es von Blei. Auch *Michelangelo* war von guter Leibesbeschaffenheit, eher sehnig und knochig als fleischig und fett. Vor allem erfreute er sich einer guten Gesundheit: von Natur aus und auch infolge von körperlichen Übungen und dank seiner Enthaltsamkeit von sinnlichen Genüssen. Von *Goethe* ist bekannt, daß er Schlittschuh lief, mit dem Bogen schoß und ein ausdauernder Wanderer war. In einem siebenstündigen Marsch überwand er beispielsweise den tiefverschneiten Furka vom Rhonetal nach dem Gotthard. Darüber berichtete er stolz der Frau v. Stein unter vorwiegend sportlichen Aspekten[25].

Damit ist gezeigt, daß bei einer bewußten Lebensgestaltung Leib und Seele gleichermaßen umsorgt werden müssen. Im Aristotelischen Sinne wird dann die Seele zur Entelechie des Leibes.

Anmerkungen

[1] Vgl. Frankfurter Allgemeine Zeitung vom 18. 5. 85.
[2] Ebenda.
[3] Vgl. Evi Simeonie: „Für eine Hoffnung ausgelaugt bis zum Limit", in: Frankfurter Allgemeine Zeitung vom 25. 4. 85.
[4] Vgl. beispielsweise Manfred Steinbach: „Motivation im Leistungssport", in: Motivation Sport. V. Kongreß für Leibeserziehung. 7.–10. Oktober in Münster. Schorndorf ³1978, 69–83.
[5] Vgl. Evi Simeonie: a. a. O.
[6] Siehe Günther Klempnauer: Was allen Einsatz lohnt. Spitzensportler über ihren Glauben. Freiburg/Basel/Wien 1984, S. 26 (= Herderbücherei Nr. 1133).
[7] Ebenda S. 48.

[8] Hans Heinrich Muchow: Jugend und Zeitgeist. Morphologie der Kulturpubertät. Hamburg 1962, S. 199.
[9] Zitiert nach Hans Lenk: Leistungssport: Ideologie oder Mythos? Zur Leistungskritik und Sportphilosophie. Stuttgart – Berlin – Köln – Mainz 1972, S. 15.
[10] Zitiert nach Carl Diem: 776 v.Chr. Olympiaden. 1964. Eine Geschichte des Sports. Stuttgart 1964, S. 21.
[11] Alfred Peters: Psychologie des Sports. Seine Konfrontierung mit Spiel und Kampf. Leipzig 1927.
[12] Ebenda S. 72 ff.
[13] Vgl. Friedrich Georg Jünger: Die Perfektion der Technik. Frankfurt ⁴1954, S. 147 ff.
[14] Vgl. Theodor W. Adorno: Stichworte. Kritische Modelle 2. Frankfurt 1969, S. 65. (Edition Suhrkamp 347)
[15] Vgl. Jürgen Habermas: „Soziologische Notizen zum Verhältnis von Arbeit und Freizeit", in: Helmuth Plessner, Hans Eberhard Bock / Ommo Grupe (Hrsg.): Sport und Leibeserziehung. Sozialwissenschaftliche, pädagogische und medizinische Beiträge. München 1967, 28–46, S. 39 f.
[16] Heinz Späing: „Leibeserziehungen in der SA", in: Friedrich Mildner (Hrsg.): Olympia 1936 und die Leibesübungen im nationalsozialistischen Staat. Zwei Bände in einem Band. 2. verb. Auflage Berlin 1934. 312–315, S. 314.
[17] Oskar Kunze: „Das SA-Sportabzeichen", in: Friedrich Mildner: a.a.O., 682–685, S. 682.
[18] Vgl. Willi Ph. Knecht: Das Medaillenkollektiv. Fakten, Dokumente, Kommentare zum Sport in der DDR. Berlin 1978.
[19] Staatsratsbeschluß vom 20.9.68; zitiert nach Willi Ph. Knecht: a.a.O., S. 43.
[20] Ebenda S. 55.
[21] Präambel des am 16.7.1952 eingerichteten Komitees für Körperkultur und Sport; zitiert nach Willi Ph. Knecht: a.a.O., S. 40.
[22] Friedrich Ludwig Jahn/Ernst Eiselen: Die Deutsche Turnkunst zur Einrichtung der Turnplätze. Dresden 1928, S. 227.
[23] Karl Adam: Leistungssport als Denkmodell. Schriften aus dem Nachlaß. Hrsg. von Hans Lenk. München 1978, S. 62.
[24] Heinrich Sippel: Leid und Krankheit – Sport und Askese. Frankfurt 1952. Zitiert nach: Otto Neumann: „Der Beitrag der Leibeserziehung zum Aufbau der Person", in: Helmuth Plessner u.a.: a.a.O., 202–216, S. 213.
[25] Vgl. Friedrich Eppensteiner: Der Sport. Wesen und Ursprung. Wert und Gestalt. München – Basel 1964, S. 65 ff. und S. 170; Hans Lenk: Leistungssport: a.a.O., S. 15.

Der Rummel um die Selbstverwirklichung ist ein Symptom des Scheiterns. Selbstverwirklichung sucht nur derjenige, der unfähig ist, den Sinn des Lebens in etwas anderem zu finden als in seinem Egoismus.

Viktor E. Frankl, geboren 1905, österreichischer Psychiater

JOSEPH F. SCHMUCKER-VON KOCH

Vom falschen Leben in Freiheit

Überlegungen zur weltgeschichtlichen Bedeutung der Askese

> *Doch denen, die um ihre Grenzen wissen, sind hold die Götter und die Bösen hassen sie.*
>
> Sophokles: Aias

Die wunde Stelle der Freiheit

Die freien Gesellschaften des Westens weisen ein Höchstmaß an technischer Produktivität und wirtschaftlicher Dynamik auf. Weder in der Vergangenheit noch in der Gegenwart finden wir Gesellschaftsformationen, die an technischer und wirtschaftlicher Leistungskraft den westlichen Industriegesellschaften vergleichbar wären. Ganz offensichtlich bedingen Freiheit und wirtschaftlich-technischer Fortschritt einander. Was die liberale Ökonomietheorie des 19. Jahrhunderts in umständlichen theoretischen Analysen zu erweisen suchte, ist heute praktische Gewißheit. Im Unterschied jedoch zur liberalen Verhältnisbestimmung von Freiheit und wirtschaftlich-technischer Produktivität zeigt sich heute immer deutlicher, daß es einen selbsttragenden, gleichzeitigen Fortschritt von Freiheit und wirtschaftlich-technischer Produktivität nicht gibt. Immer stärker tritt in den freien Gesellschaften die Bedeutung der Dimension geistiger Sinnfindung für die Erhaltung der Freiheit und den Fortschritt von Wissenschaft und Technik hervor. Geistige Sinnfindung ist nicht durch Wissenschaft und Technik, durch Wirtschaft und Produktion zu gewährleisten oder gar zu ersetzen. Im Gegenteil: All diese Bereiche erweisen sich deutlicher denn je als abhängige Größen.

Was in der Dimension geistiger Sinnfindung entschieden, was Grundlage des Welt- und Selbstverständnisses des einzelnen wird, das entscheidet über den Fortbestand der Freiheit und den Fortgang der von ihr ermöglichten wirtschaftlich-technischen Produktivität.

Die Entwicklung der freiheitlich verfaßten Gesellschaften hat gezeigt, daß der Marxsche Primat der ökonomischen Basis über den geistig-kulturellen Überbau nicht gilt. Das Umgekehrte hat sich erwiesen: Der geistig-kulturelle Bereich entscheidet in den modernen freiheitlich verfaßten Gesellschaften über Gestalt und Entwicklung der ökonomisch-technischen Basis. Schon seit langem ist dieser Sachverhalt analytische Grundlage der praktischen Politik des Ostblocks gegenüber dem Westen.

Im Bereich geistiger Sinnfindung sind die freien Gesellschaften derzeit am verwundbarsten. Dieser für die Zukunft entscheidende Bereich ist in den fortgeschrittenen demokratischen Gesellschaften von einer gefährlichen Krisenhaftigkeit gezeichnet. Bei aller Größe des Fortschritts im wissenschaftlichen, technischen und ökonomischen Bereich bleibt eine letzte Gefährdetheit dieses so imposanten und faszinierenden Daseins in der Moderne, die von deren eigenen Voraussetzungen her nicht behoben werden kann. Diese Unfähigkeit bringt nicht irgendeine ihr vorausliegende falsche Struktur der Gesellschaft zum Ausdruck, sondern bestätigt einen *anthropologischen* Sachverhalt, der schon – und das mag nun überraschen – dem mythischen Bewußtsein durchaus vertraut war.

Werner Ross hat darauf hingewiesen, daß in den Mythen von der Verletzlichkeit auch des höchsten Menschen, des Helden, ein Urwissen verborgen ist: Thetis, die göttliche Mutter des Achilles, hält den Säugling an den Fersen fest, als sie ihn ins unverwundbar machende Wasser der Styx taucht. Apollo lenkt den Pfeil des Paris just an diese einzige verwundbare Stelle, nachdem Achilles im Kampf um Troja Hektor getötet hatte.

Auch der Größe und Macht des germanischen Helden Siegfried mangelt eine letzte Vollkommenheit. Und eben dieser Mangel ist – wie bei Achilles – das Schicksalsentscheidende: das Lindenblatt, das Siegfried beim Bade im Drachenblut zwischen die Schultern fällt, verhindert völlige Unverwundbarkeit. Die Stelle, die es bedeckt, wird im Augenblick höchster Gefährdung zum Verhängnis. Hagen zielt in einem günstigen Augenblick mit seiner Lanze dorthin und bringt Siegfried zu Tode.

Was wollen diese Mythen sagen? Es bleibt eine Stelle in unserem Dasein, die selbst der höchste Mensch, so machtvoll, stark und gewaltig er auch immer sein mag, nicht mit jener Vollkommenheit besetzen kann, die ihm ansonsten eignen mag. Es ist die entscheidende Stelle unseres Daseins, eine Stelle, die wir nicht aus eigener Kraft schließen können, eine letzte Abhängigkeit und Angewiesenheit, der wir uns nicht entziehen können. Das moderne Dasein, das sich das Höchste zutraut und in der Beherrschung der Welt am gewaltigsten ausgreift, ist an diesen anthropologischen Sachverhalt zu erinnern. Er zeigt ihm auch seine Grenze auf, deren Nichtbeachtung – wie im Mythos – den Untergang herbeiführt. Diese Grenze, die zugleich „offene Stelle" ist, besteht in einer durch alle Macht des Menschen, durch alle Errungenschaften und Fortschritte nicht zu stillenden Sinn- und Heilsbedürftigkeit des Daseins. Wenn es den modernen freiheitlich verfaßten Gesellschaften nicht gelingt, ein angemessenes Verhältnis zu dieser Grenze zu gewinnen, tritt an die Stelle wirtschaftlich-technischer Produktivität und der sie tragenden Freiheit deren Zerstörung. Der moderne Mensch steht in der Gefahr, an der entscheidenden Stelle seines Daseins von Ideologien getroffen zu werden, die diese Stelle verschließen möchten. Das Gemeinsame all dieser Ideologien ist ihr Aufruf zur Selbstermächtigung des Menschen.

Ideologien des modernen Bewußtseins

Karl Marx
Das wirkmächtigste Programm der Selbstermächtigung des Menschen ist nach wie vor die Lehre von Karl Marx. Die „Entwicklung des Sozialismus von der Utopie zur Wissenschaft" (Friedrich Engels) möchte den Weg in eine glückliche Zukunft weisen, in der der Mensch – frei von allen entfremdeten gesellschaftlichen Verhältnissen – ganz im herrlichen Genusse der von ihm produzierten Güter aufgeht. Glück ist – materialistisch verstanden – die völlige Befriedigung aller materiellen Bedürfnisse des Menschen. Ernst Bloch hat – an der Dürftigkeit der Marxschen Zielvorstellung und ihrer parktischen Verwirklichung zeitlebens leidend – durch eine Spiritualisierung, ja Theologisierung der Marxschen Bestimmungen dem strukturellen Sinn-Defizit der Marxschen Lehre beizukommen versucht. Dieses aporetische Unterfangen hat ihm das Interesse linker Theologen im Westen eingebracht.

Charles Darwin
Seine Lehre fixiert das Selbstverständnis des Menschen ebenfalls auf den Bereich des materiellen Seins. Der Mensch hat nach Darwin Sein und Leben als geschlossenes System eines unendlichen Werdens zu begreifen, als evolutionären Prozeß, dessen Gesetz der Form nach die Optimierung und dem Inhalt nach die Differenzierung sei. Alle Kontingenz wird so hinfällig. Gestützt auf die Einsicht in das Grundgesetz der Evolution kann der Mensch sein Schicksal selbst in die Hand nehmen, irgendein Bezug zu schöpferischer Transzendenz erweist sich für die Daseinserklärung wie -orientierung als unnötig, alles Sein genügt sich in seiner Immanenz und ist vollauf bestimmt durch den evolutionären Prozeß.

Friedrich Nietzsche
Die Proklamation des „Todes Gottes" wird zur Grundlage der Apotheose des Menschen. Der „Übermensch" ist die wahre Möglichkeit des Menschen. Nach dem Tod Gottes wird erst der Weg frei für den Menschen, sich in seiner Allmacht, der Unendlichkeit seiner Möglichkeiten zu begreifen. Ein solches Dasein läßt als Sinn nur mehr den „Menschen-Sinn", die reine Immanenz zu, in deren Bemächtigung das Dasein aufgeht.

Sigmund Freud
Es gibt keine Bindung des Gewissens an ein Unbedingtes. Das Ich des Menschen ist individuelle Synthese von Es und Über-Ich; je nach den vorgegebenen Erziehungs- und Umweltbedingungen fällt diese Synthese einmal besser, einmal schlechter aus. Das Ich kann so letztlich nie Schuld haben, weil es unverantwortliches Produkt ist. Eine genauere Analyse durch „Seele"-Experten kann jedoch eine Kenntnis seiner Zusammensetzung vermitteln, aufgrund deren das Ich repariert und im Zusammenspiel von Es und Über-Ich als Ich optimiert werden kann. Die Immanenz des Seelen-Mechanismus reicht zum Verständnis des Menschen völlig aus. Jegliches Verhältnis zur Transzendenz wird als Illusion entlarvt.

Positivismus und Technokratiewahn
Wissenschaft und Technik bahnen uns den Weg in eine immer bessere und glücklichere Zukunft. Alle Daseinsprobleme sind prinzipiell wissenschaftlich-technisch lösbar. Gemacht werden soll, was gemacht werden kann – soweit dies eben ökonomisch vertretbar ist (Schädlichkeitsnebenfolgenbewältigung). Jeder kritische Einspruch dagegen stellt nur ein Hindernis auf dem Weg des Fortschritts dar, das so schnell wie möglich zu beseitigen ist. Alles Denken, das der vorwissenschaftlichen Tradition der philosophisch-literarisch-geisteswissenschaftlichen Kultur zuzurechnen ist, mag zwar für die Freizeitgestaltung interessant sein, dar-

über hinaus aber – als institutionelle Größe und kulturelle Macht – ist es eher hinderlich auf dem Weg in die wissenschaftlich-technische Zukunft. Läßt man alle wissenschaftlich-technischen Experten ungehindert arbeiten, werden sich Möglichkeiten des Daseins eröffnen, für die der alte Begriff des Paradieses eine völlig unzureichende Bezeichnung ist. Nichts mehr wird sich der Macht des Menschen entziehen können, alles nach seinem Willen geschehen.

Die genannten Ideologien stellen den Fundus des modernen Bewußtseins dar, aus dem dieses beständig sich nährt und – je nach Machtkonstellation – die eine oder andere besonders hervorhebt und zur maßgeblichen erklärt. Staatliche Politik, die sich ausschließlich am modernen Bewußtsein orientiert, wird dann in der *Bildungspolitik* auf die Zurichtung des einzelnen für die universelle Verfügbarmachung alles Seienden hinarbeiten und am Leitziel der „Autonomie" die „universelle Befreiung" des Menschen als Aufgabe proklamieren. In der *Sozialpolitik* wird die totale Planung des von keinerlei störenden Zufällen mehr beeinträchtigten Daseins zum Programm. Die *Gesellschaftspolitik* soll die für die Verwirklichung dieses Konzepts erforderliche Gleichheit schaffen, in der *Rechts- und Innenpolitik* ist der Freiraum für systemkonformes Sich-Ausleben zu sichern, das im konsequenzlosen Vergnügen seinen Inhalt hat.

Durch all die genannten Ideologien und das politische Programm der Selbstermächtigung des Menschen erfolgt eine Festlegung des Menschseins, deren verhängnisvolle Folgen absehbar sind.

Durch die Ideologien der Selbstermächtigung und eine ausschließlich am modernen Bewußtsein orientierte Politik wird der Mensch auf das *Endliche* und seine Güterwelt als *absoluten* Sinnhorizont seines Daseins fixiert. Der Bereich des Endlichen wird zum ausschließlichen Bezugspunkt seines Daseins. Durch die Wucht dieses überall sanktionierten Anspruchs wird der Mensch aber wie kaum jemals zuvor in die Not, Unvollkommenheit und Vergängnis des verabsolutierten Endlichen hineingestoßen. Die Fixierung auf den „Menschen-Sinn" (F. Nietzsche) bedeutet das Ende sinnvollen Lebens.

Die Entwicklung der modernen Gesellschaft führt auf diese Erfahrung hin. Damit aber bricht ein Sachverhalt durch und erlangt seine Bestätigung, dem die christlich-abendländische Tradition ihre überzeugendsten Denkbemühungen gewidmet hat: Zwar führt die moderne freiheitliche Gesellschaft von ihren *speziellen* Voraussetzungen her zur Verabsolutierung des Endlichen und seiner Güterwelt, doch ist diese Verabsolutierung nicht eine Möglichkeit spezifisch moderner Gesellschaften allein, sondern eine *allgemeine* Möglichkeit geschichtlichen Menschentums, der in jeder Gesellschaft zu jeder Zeit immer neu begegnet werden muß. Erich Fromm diagnostiziert richtig, daß es für die meisten in der modernen Konsumgesellschaft „mit der bloßen Überwindung des Mangels nicht getan ist. Kaum hat man etwas, dann gebiert das Haben schon das Mehrhabenwollen. Und der Appetit wächst sogar noch rascher, als die immer reicher dargebotenen Möglichkeiten. Nie hat man genug. ... Soviel man zu greifen glaubt, am Ende hat man nichts in der Hand, was wirklich zählt. Statt dessen Ersatz – Ersatz, das wahre Kennzeichen unserer Gesellschaft."

Es mag nun überraschen: Von genau dieser Erfahrung berichtet uns auch Augustinus – und er gehörte ja nun einer ganz anderen Zeit und Gesellschaftsformation an. Seine Analysen zu dem von Erich Fromm und anderen Kritikern der modernen Industriegesellschaft diagnostizierten Phänomen des Erfahrungsverlusts und Sinnverfalls können die Augen darüber öffnen, daß die Verabsolutierung des Endlichen und der daraus folgende Sinnverfall in der Haltung des bloßen „Habens" auf eine geschichtlich immer neu mögliche Fehlhaltung des Menschen zurückgeht. Der Grund für den von Erich Fromm so trefflich beschriebenen Phänomenbereich des Sinnverfalls in der modernen Gesellschaft liegt also nicht in irgendwelchen dingfest zu machenden Strukturen der „spätkapitalistischen" Gesellschaft. Es

wäre eine Illusion zu glauben, daß deren Abschaffung dann zugleich auch eine neue Sinnfülle begründen würde. Vielmehr handelt es sich um eine in der Natur des Menschen verwurzelte und seit alters bekannte Fehlhaltung des menschlichen Wesens, welche – geschichtlich immer wieder neu hervorbrechend – den Sinnverfall verursacht.
Um welche Fehlhaltung des Menschenwesens handelt es sich genauer?

Die Faszination der falschen Freiheit

Der Ausgangspunkt der Analysen Augustinus' in den „Confessiones" ist ein Bewußtsein, das man geradezu modern nennen könnte. Bekanntlich ist der säkularen Gesellschaft der Moderne der Gottesbezug erstorben, zumindest weitestgehend gleichgültig geworden. Auch Augustinus findet sich in einer geistigen Verfassung vor, die vom Ausfall des Gottesbezugs gezeichnet ist. „Ich war ohne Verlangen nach unvergänglicher Nahrung", schreibt Augustinus im 3. Buch der „Confessiones", „nicht weil ich ihrer voll war, sondern je leerer, desto überdrüssiger." Von allem, was irgendwie mit Gott zu tun hat, hatte sich Augustinus innerlich völlig entfernt. Augustinus interessierte die Sache Gottes nicht nur nicht, nicht bloße Gleichgültigkeit ist es, die sein Bewußtsein bestimmt; seine geistige Verfassung ist vielmehr schon so heruntergekommen (so versteht es Augustinus selbst), daß er sich von allem, was irgendwie mit Gott zu tun hatte, angewidert fühlt. Modellhaft führt Augustinus vor, was dann noch Inhalt eines solchen Lebens sein kann. Das unglückliche Bewußtsein, das den gottlosen Zustand begleitet, sucht sich zu lösen, indem es den selbstsüchtigen Trieben und Strebungen freien Lauf läßt. „Aus ihrem Unglück heraus warf sich meine Seele, die voller juckender Geschwüre war, nach draußen in ihrer Gier, um sich – jammervoll genug – an den Sinnendingen ihre Erfüllung zu holen." Pure Lebensgier bestimmt nun das Handeln und liefert es an die jeweils erreichbaren Sinnendinge aus.

Aber im Bereich der Sinnendinge ist nicht jenes Glück, jene Ruhe und Erlösung zu finden, die die wunde Seele so gierig sucht. Wenn der Mensch ausschließlich im Bereich des Endlichen sein Vergnügen *(voluptates)*, das ihn Erhebende *(sublimitates)* und das wahrhaft Erfüllende *(veritates)* sucht, gerät er bis zur Selbstzerstörung in Schmerz *(dolores)*, Verwirrung *(confusiones)* und Irrsal *(errores)*. Die Identität des erfahrenden Subjekts zerfällt Stück für Stück „vernichtigt an das unendlich Viele", in dessen defizienter Unendlichkeit es sich verliert. Augustinus hebt hier ab auf die ontologische Struktur alles endlich Seienden, die sich in solcher Erfahrung reflektiert. Worin besteht sie, welcher Art ist sie, daß die Seele in ihrer Fixierung auf das bloß Endliche selbst dort, „wo sie an schöne Dinge sich heftet, sich an Schmerzen heftet"?

Alles endlich Seiende ist dadurch gezeichnet, daß es werden und vergehen muß, „und im Werden heben die endlichen Dinge gleichsam an zu sein, und sie wachsen, um sich zu vollenden, und vollendet altern sie und gehen zugrunde: und kommt auch nicht alles zu Alter, so geht doch alles zugrunde. Kaum also daß sie entstehen und streben zu sein – je schneller sie wachsen, damit sie seien, so mehr auch eilen sie, nicht mehr zu sein. So ist es die Weise, die ihnen gesetzt ist." Diese Struktur des Seienden wird der Seele zum Verhängnis, zum Grund ihres unendlichen Schmerzes, wo sie ganz auf das Endliche fixiert ist. Selbst wenn das Dasein in Liebe Seiendem zugetan ist, das durch seine Schönheit und Kostbarkeit begeistert, führt diese Liebe in den Schmerz – wenn eben als Gegenstand der Liebe nur endlich Seiendes zugelassen wird: „Denn die Seele verlangt zu sein, und sie liebt es zu verruhen in dem, was sie liebt. In den Dingen aber ist nicht, wo sich ruhen ließe, weil sie nicht stehen: sie fliehen, und wer vermöchte ihnen beizukommen ...?" Der Mensch hat nicht die Macht, „zum Stand die Dinge zu bringen, die da vorüberlaufen von ihrem zubestimmten Anfang bis zum zubestimmten Ende." Es ist diese ontologische Schwäche des Menschseins, die unendlich qualvoll wird, wo der Mensch sich im Bereich des Endlichen einschließt. Der ganze Schmerz der Vergänglichkeit bricht über ihn herein. Die Unvollkommenheit und Not alles Irdischen wird unerträglich. Mahnend und in einer letzten Zuspitzung das Ausmaß der Qual veranschaulichend ruft Augustinus einem solchen Menschentum zu: „Das glückselige Leben sucht ihr im Lande des Todes: da ist es nicht. Wie sollte da seliges Leben sein, wo nicht einmal Leben ist?"

Der Mensch, der sich im Bereich des Endlichen einschließt, gelangt nie zur Erfüllung seines Begehrens. Kaum hat er ein zeitliches Gut, gebiert das Haben schon das Mehr- und Andereshabenwollen, da nichts von dem, was sein Begehren erreicht, dauerhafte Erfüllung gewährt. An die Stelle des Bezugs zu einem Unbedingten, das alles endlich-bedingte Seiende transzendierte, tritt in der selbstverschlossenen Endlichkeit das unbedingte Habenwollen. Die Transzendenzverweigerung, die Verweigerung des Gottesbezugs macht den Menschen zum Opfer und Knecht seines unersättlichen Habenwollens. Begierde jagt Begierde, ein Anspruch folgt dem anderen – und was ist dies anderes, als die heute viel beklagte Haltung des „Konsumismus"? Dieses Schlagwort, erstmals von dem italienischen Schriftsteller und Regisseur Pasolini geprägt zur Kennzeichnung der falschen Wohlstandsmentalität in der westlichen Industriegesellschaft, besagt seinem Inhalt nach genau dasselbe, was Augustinus am total verendlichten Bewußtsein seiner Zeit kritisiert. Wir haben es hier also mit einer Haltung zu tun, die – unabhängig von spezifischen Gesellschaftsformationen – immer dann geschichtlich wirksam wird, wenn der Mensch sich nur an das hält, was ihm aus dem Bereich des endlich Seienden zukommt. Immer dann wird auch der gigantische Versuch unternommen, den Schmerz, der daraus entsteht, mit einem ganzen Reich von Ersatzglücksformen zu betäuben – zu Augustinus' Zeiten nicht anders als heute. Warum aber schließt sich der Mensch immer wieder im Bereich des Endlichen ein? Warum nimmt er all diesen Schmerz und diese Not auf sich? „Wozu doch", so fragt Au-

gustinus, „wollt ihr wieder und wieder schwere und mühevolle Wege wandern?"
Die Antwort des Augustinus führt uns in den innersten Bereich der menschlichen Natur, in die Freiheit des Menschenwesens und damit in die Dimension jener Urentscheidung, die von jedem Dasein neu gefällt werden muß: sich selbst als letztes Maß aller Dinge zu behaupten oder ein transzendentes absolutes, unvergängliches und ewiges Sein als das Maß-Gebende über sich anzuerkennen. Der Mensch hat die Freiheit, sich selbst zu Mitte und Maß alles Seienden zu erheben. Diese falsche Freiheit der Selbstermächtigung trägt seit alters den Namen „Hochmut" *(hybris, superbia)*. Was aber ist so faszinierend an dieser Freiheit, daß der Mensch immer wieder von ihr Gebrauch macht? Es ist allein diese hochfahrende Freiheit, welche den Genuß des Absolutseins vermittelt. Der Mensch jagt in diese „hochfahrenden, verkehrten, ich möchte sagen knechtischen Freiheit" (Augustinus) „einer Art Gottähnlichkeit" nach, welche den Genuß des vollkommenen Absolutseins vermitteln und das Leid jeglicher Abhängigkeit hinfällig machen soll. Darum bricht im Menschen immer wieder neu das Verlangen durch, „das Maul an den Himmel zu setzen" und einen Seinsstatus für sich zu beanspruchen, der ihm vom Wesen her nicht zukommt. Freilich kann es der endliche Mensch nur zu einem „schattenschwarzen Spottbild von Allmächtigkeit" *(tenebrosa omnipotentiae similitudo)* bringen. Denn was ist die Folge, wenn der Mensch um des trügerischen Genusses vermeintlicher Allmacht willen sich zum Absoluten erhebt? Durch die „Verirrung in das Selbstgenügen" des Absolutseins, das jegliche Abhängigkeit abzustreifen vermeint, wird der Mensch ganz an die Endlichkeit und ihr wesenhaftes Ungenügen gekettet. Ihr bleibt er in endlosem Begehren ausgeliefert. Von überall her stürmt das Endliche auf den Menschen ein. Nirgend gibt es „mehr Entlastung, nirgend freies Atemholen". Der Mensch wird sich so selbst zum „Lande der Not" (Augustinus).
Die Kongruenz der Erfahrungen, die Augustinus schildert,

mit denen, die das Leben in der modernen Industriegesellschaft kennzeichnen, läßt jede gesellschaftskritische Vereinnahmung dieser Erfahrungen als obsolet erscheinen. Wann immer Ideologien – gleich welcher Art – die Tranzendenz versperren, wird der Mensch in den Bereich des Endlichen gebannt. Der Mensch, der sich von solchen Ideologien bestimmen läßt, handelt stets aus der Versuchung des „Hochmuts" heraus und trägt daher Schuld. Die Erfahrung der Notwendigkeit der Veränderung gesellschaftlicher Verhältnisse, die geschichtlich immer wieder auftritt, ist kein Freibrief, das „selige Leben" in der Immanenz einer solchen Veränderung zu suchen. Die Totalisierung des Endlichen im Namen der Autonomie, wie sie in den eingangs genannten Ideologien geschieht, hinterläßt nur total verendlichte Menschen, die ihren „Hochmut" mit dem bitteren Schmerz der Unfreiheit bezahlen.

Befreiende Macht der Askese

Dem modernen Bewußtsein, das durch und durch von Ideologien der Selbstermächtigung des Menschen bestimmt ist, mangelt jegliches Verständnis für Sinn und Bedeutung der Askese. Askese gilt weithin als Inbegriff der „Lebensfeindlichkeit" und wird heute zumeist als Relikt aus „abergläubisch-pfäffischen" Zeiten verhöhnt. Was das moderne Bewußtsein an Selbsteinschränkung und Verzicht allenfalls erlaubt, ist das Abspecken überflüssiger Pfunde zur Erhaltung von „Schönheit" und Fitness oder das Aufopfern von Kraft für sportliche und berufliche Erfolge. Es gibt wohl kaum einen Begriff der Tradition, dessen Inhalt derart seines Sinnes beraubt wurde, wie der der Askese. Askese kommt von dem griechischen Wort *„askesis"* und meint soviel wie „Einübung in die rechte Lebensführung". In ihr geht es die ganze Tradition hindurch um eine Lebensordnung, die bestimmt ist von der Offenheit für das Ewige und Unvergängliche. Askese soll sicherstellen, daß dieser

Bezug des Daseins nicht durch Zeitliches und Vergängliches, durch das jedes Dasein notwendig in Anspruch genommen ist, verdeckt wird. Der Grundsinn der Askese zielt somit genau auf jene Stelle im Dasein, die das moderne Bewußtsein stets selbstsüchtig zu schließen versucht: das für den Menschen Entscheidende ist nicht die endliche Güterwelt mit den ihr eigenen Werten, die errungen werden müssen, sondern die Manifestation absoluten Sinnes, die geschenkt wird. Das Dasein bedarf, um Erfüllung zu finden, des Bezugs zu einer Wirklichkeit, die allem Werden und Vergehen entzogen ist und sich als vollkommene, nie endende Güte, Wahrheit und Schönheit zur Erfahrung bringt. Darin erst ist letzte Geborgenheit – und alles Erfahren des Menschen wird einziger Lobpreis des Ewigen. Es ist der Sinn der Askese, für diesen alles entscheidenden Transzendenzbezug bereit zu machen. Darum ist ihr erstes und entscheidendes Ziel nicht die Durchführung irgendwelcher Einzelpraktiken, auf die ihre modernen Kritiker sie gerne festlegen, sondern die Überwindung des „Hochmuts", der *superbia,* die den Menschen an den Bereich des endlich Seienden kettet. „Die Seele", so formulierte Romano Guardini einmal, „braucht jene innere Lösung, in welcher der Krampf des Wollens gestillt ist, die Unrast des Strebens ruhig wird, der Schrei des Begehrens schweigt ... Die Tatkraft des Wollens und Handelns und Suchens mag noch so groß werden, sie muß auf einer Tiefe ruhen, die stille ist, die zur ewigen, unwandelbaren Wahrheit aufschaut. Das ist die Gesinnung, die in der Ewigkeit wurzelt. Sie hat Friede."

Diese im Anschluß an die Tradition mit Nachdruck vertretene Haltung bedeutet keine Abwertung der endlichen Güterwelt und ihrer spezifischen Werte. Die christliche Tradition hat immer den unaufhebbaren Sinn des Bereichs des endlich Seienden betont und ihn gegen alle gnostischen Dualismen und Spiritualismen verteidigt. Das Irdische und Vergängliche ist *nicht* wert-los. So schreibt auch Augustinus: „Unser Gefallen ruht auf schönen Körpern, auch auf Gold und Silber und was noch allem; bei der fleischlichen

Berührung beruht die höchste Wirkung auf einer Harmonie in der Wechselfühlung; und auch von den übrigen Sinnen hat jeder im Bereich des Sinnfälligen die ihm angemessene Entsprechung. Aber gleichso hat die irdische Ehre und die Befehls- und Herrschgewalt ihre Würde; daher denn auch der starke Drang nach persönlicher Geltung ... Das Leben überhaupt, das wir hier auf Erden verbringen, hat sein Verlockendes; es liegt dies an einem gewissen Maß von Schönheit und Würde und an der Sympathie mit diesem ganzen untersten Bereich des Schönen. Nicht minder hat Freundschaft unter den Menschen ihre Köstlichkeit in der verbindenden Treue, die aus vielen Gemütern eine Einheit schafft." (Confessiones 2, 5, 10).

Der Bereich der endlichen Güterwelt wird – wie von der christlichen Tradition überhaupt – von Augustinus als ein wesentlicher Bereich menschlicher Selbstentfaltung anerkannt. Doch steht der Mensch zu jeder Zeit in einer den Sinn seines Daseins entscheidenden Gefahr: Was Augustinus aus dem Bereich der endlichen Güterwelt angeführt hat – „all das und Ähnliches wird Anlaß zur Sünde, wenn man in übertriebener Hinneigung zu diesen doch nur untersten Gütern bessere und höchste preisgibt: Dich, Herr unser Gott, und Deine Wahrheit und Dein Gesetz." (ebd.)

Die Totalisierung der endlichen Güterwelt, von der Augustinus hier spricht, ist immer ein Akt des Hochmuts. Durch ihn wird das ganze Dasein falsch und gerät außer Ordnung. Die durch die Totalisierung des Endlichen angestrebte Selbstsicherung des Daseins im Glücksraum verfügbarer Endlichkeit führt stets in die Entwertung des Endlichen und des ihm zugehörigen daseinsbeglückenden Werts. Es wird als Sinnträger überfordert. Und so stellt sich – für jede Zeit neu – die Erfahrung ein, daß dort, wo ein Dasein ohne Gott versucht wird, alles Seiende am Ende für dieses Dasein „bitter" *(amarum)* sein wird, „und dies zu Recht, weil es nun zu Unrecht geliebt wird" (Augustinus, Conf. 4, 12, 18). Rechtens, als integrales Moment der Sinnordnung des Daseins wird es nur dann geliebt, wenn es „Hin zu Ihm", in der Offenheit für die Herrlichkeit eines Größeren, als der Mensch ist, geliebt wird. Es ist Sinn vom Sinn und hat nur im Bezug zum Absoluten die letzte Gewähr seines Sinnes. „Das Objekt darf uns nicht nur in seinem isolierten Eigengehalt berühren, sondern es muß uns gleichsam hineinziehen in die Welt des Gültigen und Eigentlichen. Wir müssen ... dieser Welt des Gültigen als solcher begegnen, so daß wir plötzlich gleichsam eine ganz neue Gesamtstellung zu allen Dingen gewinnen. Wer kennt nicht diese Augenblicke, in denen eine hohe bedeutsame Wahrheit, eine verklärte Schönheit in der Natur oder in der Kunst, das Wesen eines geliebten Menschen uns so ,aufgeht', daß wir gleichsam erwachen zu dem Eigentlichen und beglückt ausrufen: *Quam admirabile est nomen tuum in universa terra,* ,Wie wunderbar ist Dein Name auf der ganzen Erde' (Ps. 8, 2, 10) Nicht als ob das, was uns aufgegangen ist, uns dabei zerrinnen würde in seinem Eigengehalt, als ob es nur ein Durchgangspunkt würde, nein, es erstrahlt gerade in seinem tiefsten und eigentlichsten Gehalt, indem es in seiner Beheimatung, in dem *coelum empyreum* (Dante), im ,obersten Himmel' der ewigen, gültigen Wirklichkeit erblickt wird und uns in diese emporhebt. ... Erst dann sind wir fähig, unser Inneres ganz zu entfalten, erst dann bricht unsere eigene Tiefe auf ..." (Dietrich von Hildebrand).

Askese gegenüber den selbstsüchtigen Strebungen des Ich, gegenüber dem Hochmut der Totalisierung des Endlichen ist unerläßliche Voraussetzung gelingenden Lebens. Sie bezieht sich mithin auf das Ganze des menschlichen Daseins: es soll frei werden, indem es durch sie sieghaft emporgehoben wird „über den normalen, nüchternen, pragmatischen Lebensablauf mit seiner Spannung auf einen jeweiligen Zweck und seiner immanenten Unruhe" (D. v. Hildebrand). Dadurch erst wird das Dasein des Höchsten fähig: der Erfahrung der sich unentwegt schenkenden Liebe des absoluten Seins. Erst von der Erfahrung solcher Liebe her läßt sich der immer wieder durchbrechende Egoismus, der fatale Selbstdurchsetzungsanspruch des ,Hochmuts' dauerhaft überwinden: sowohl im Bereich des Triebes, der vitalen Lebensimpulse, wie dem des Geistes. Es entsteht das, was die Tradition die „Innerlichkeit des Herzens" genannt hat. Erst in diesem Raum verstummt die blinde Selbstbehauptung des Triebes, er wird verwandelt und zeigt sich neu als stärkste Antriebskraft eines Lebens der Liebe, der Selbstlosigkeit und des Opfers. Er sucht nun seine Erfüllung ganz in der Hingabe. Alle vitalen Lebensimpulse treten dadurch in den Dienst der Freiheit, die „Knechtschaft des Fleisches" (Römer 7,25 f.) mit ihrem Unfrieden, ihrem Haß und ihren Zerstörungen ist zu Ende.

Auch die ständige Versuchung des Hochmuts mit seiner Absonderung, Kälte und Brutalität, die immer wieder neu den Geist anfällt, ist in der „Innerlichkeit des Herzens" überwunden: Aus seinem herrscherlichen selbstsüchtigen Zugriff wird ein Durchdringen des Gegenstandes in Liebe, Innigkeit und Demut, welches auch noch das Zarteste und Gefährdetste an ihm sich hervorwagen läßt. Denn „im Raum des Herzens – des erlösten, rein und frei gewordenen – ist die harte Ausschließung der Sätze von der Identität und vom Widerspruch aufgehoben. Das kalte Eingeschlossensein des Selbst ins Nur-Selbst; das dürre Entweder-Oder zwischen dem Selbst und dem andern ... ist hier überwunden. Nicht durch Vermischung oder Unklarheit; nicht durch Zauberei oder Trug, sondern durch das schöpferische Geheimnis jenes Lebens, das sich im Dasein Christi, des menschgewordenen Gottes, und in seinem Liebesverhalten zu uns offenbart." (Romano Guardini)

Ist es nicht dieses Leben, dessen unsere „allerdürftigste Zeit" (Hans Urs von Balthasar) am dringendsten bedarf?

Die Selbsterhaltung des Geistes ist vor allem die Erhaltung seiner Selbstbeherrschung. *Dies ist die Hauptsache in jeder echten Askese.*

Wladimir Solowjew: Die Rechtfertigung des Guten, Kap. 2, IV.

Dokumentation

Gertrud Fussenegger
Ein Brief zur Sache

Lieber Herr Gerd-Klaus Kaltenbrunner,
danke für Ihren Brief, für Ihre Anfrage. Ich muß freilich gestehen, daß ich ein wenig erschrak, als ich las, Sie seien dabei, das Thema Selbstbeherrschung in den Mittelpunkt eines neuen Bandes zu stellen. *Selbstbeherrschung*! Die Vokabel war mir in letzter Zeit einigermaßen abhanden gekommen, vielleicht weil ich ihr in der aktuellen Publizistik kaum noch begegnet bin, vielleicht auch, weil sie mir – sogar *mir* – von jeher ein wenig penetrant vorgekommen war. Dabei stamme ich doch aus einer Zeit, in der Selbstbeherrschung zum selbstverständlichen Inventar der Pädagogik, ja des täglichen Lebens gehörte. Natürlich wurden wir von unseren Eltern zu Selbstbeherrschung erzogen. Natürlich war auch in der Schule von Selbstbeherrschung die Rede – und nicht zu knapp! Als kleines Kind durfte man nicht naschen, nicht quengeln, nicht durch das Schlüsselloch spähen. Später war es undenkbar, beim Zahnarzt zu jammern, auch wenn die Bohrer damals wie die Teufel quälten. In der Schule fielen Lachen, Schwätzen, Gähnen unter Verstoß gegen Selbstbeherrschung. Noch auf der Universität wurde ich von einem Münchner Ordinarius für Logik und Er-

kenntnistheorie barsch zur Rede gestellt, weil ich mir während seiner allerdings recht schwierigen Vorlesung zweimal erlaubt hatte, auf meine Armbanduhr zu blicken. Das, ließ er mich wissen, sei ein völlig unbeherrschtes Verhalten.
Im Krieg hatte man Selbstbeherrschung zu üben, wenn man im Luftschutzkeller saß und die Mauern schwankten; wenn man in der Schlange stand und versucht war, sich am Vordermann vorbeizudrängeln; eine vorzügliche Gelegenheit, Selbstbeherrschung zu üben, war das Kinderkriegen: im Kreißsaal biß man die Zähne zusammen, bis einem die letzte Preßwehe vielleicht doch noch einen Aufschrei entriß.
Also könnte man meinen: Selbstbeherrschung an allen Ekken und Enden. Aber ging es denn eigentlich um Selbst*beherrschung*?
Es hieß zwar so. Die Eltern hatten es uns Kindern so beigebracht, bei mir vor allem die Mutter, sie bezog ihr pädagogisches Vokabular aus ihrem eigenen übertrieben strengen Elternhaus.
Mein Vater neigte schon dazu, sich einfacher und bescheidener auszudrücken, wenn er etwa sagte: Im Krieg war der der größte Held, der die meiste Angst hatte und doch auf seinem Posten geblieben ist. In der katholischen Klosterschule wurde die Forderung wieder anders gestellt: Da hieß es „Opferbringen", Opfer etwa für das Christkind in der Krippe, Opfer für die Bekehrung der Ungläubigen, Opfer für die sündige Welt. Der Lauf der Geschichte sorgte für weitere Abwandlungen. Da war von „Solidarität" die Rede, etwa mit den Soldaten an der Front, dann mit den Ausgebombten, dann mit den Flüchtlingen. So wurden Unbequemlichkeiten in Kauf genommen, Furcht unterdrückt, mancher Eigenvorteil, so verführerisch er sich anbot, nicht genützt.
Aber übte man dabei wirklich *Selbstbeherrschung*?
Es wäre mir in jener Zeit geradezu lächerlich erschienen, wenn ich mein Verhalten „selbstbeherrscht" genannt hätte, wo immer es mir glückte, mich anständig zu verhalten.

Anständig. Da haben wir eine andere Vokabel, eine die zur Not für *selbstbeherrscht* einsetzbar ist. Dennoch – das spüren wir gleich, nicht wahr? – kommt sie aus einer anderen Ecke.

Aus welcher Ecke aber mag Selbstbeherrschung kommen?
Ich vermute: dieses Wort kommt aus der Ecke einer vormodernen Psychologie, die – in strengerem oder milderem Sinn manichäisch – den Menschen in Leib und Geist, in Finsternis und Licht auseinanderreißt und beide zueinander in Feindschaft setzt. Betrieb man doch lange, lange ein strenges Stockwerkdenken: Zuoberst stellte man sich die Vernunft vor als sittliche Instanz; darunter den Verstand, dann Wille und Gefühl; zuunterst die Triebe, eine unheimliche Gesellschaft: Wollust, Faulheit, Freß- und Trunksucht, Wut und Mordgier. Da hatte dann das Selbst, das sittlich wollende und vernünftig urteilende Ich alle Hände voll zu tun, mit dem Gesindel da unten fertig zu werden im Sinne der *Selbstbeherrschung*.

Dieses Bild der Seele paßte ins allgemeine Weltbild. Wie die Gesellschaft nicht denkbar war ohne Herren und Knechte, so schien auch die Person nicht denkbar ohne Herrschaftsausübung gegen sich selbst. Die Furcht vor den Dämonen in der eigenen Brust trieb das sittliche Selbst zu immer strengerem Verfahren. So versuchte sich das christliche Mittelalter in seinen Heiligen und Eremiten an Askese immer noch zu überbieten; so haben aber auch die Aufklärer, an ihrer Spitze Kant, den Anspruch an ein ideales Menschenbild im wahrsten Sinne kategorisch gesteigert.

Das spiegelt sich in der Dichtung, am deutlichsten vielleicht auf der Bühne (als moralischer Anstalt) ab.

Ich darf nur drei Beispiele anführen: Lessing, Schiller, Kleist. Hat der aufgeklärte Menschenfreund Lessing für seine Emilia Galotti nur noch den Dolch des Vaters übrig, weil die Unglückliche zugibt, Verführung sei die wahre Gewalt, und sie fühle sich verführbar; ist für Johanna von Orleans die Welt und selbst ihr Sieg für Frankreich verloren, weil sie sich einmal in ihrem heilig besessenen Kampf gegen den Landesfeind einer mitleidig-zärtlichen Aufwallung überließ; ist auch der Prinz von Homburg nach etlichen Seelenkämpfen bereit, sich dem Erschießungskommando seines Obersten Kriegsherrn zu stellen, weil er einmal die militärische Gehorsamspflicht in unbeherrschter Begeisterung übertreten hat, so können wir an diesen Beispielen ablesen, wie strikt Aufklärung, Klassik und Romantik den Imperativ der Selbstbeherrschung aufgefaßt wissen wollten. Selbstverständlich waren hier Extrempositionen gezeichnet. Dennoch konnte ein – seiner klassischen Literatur ergebenes – Bildungsbürgertum darauf verfallen, an ihnen Maß zu nehmen.

Tempi passati. Nicht nur auf der Bühne, auch im Leben, nicht nur im Leben, sondern erst recht auf der Bühne ist derlei nicht mehr zu vermuten. Ein bestimmter Menschentypus hat abgedankt.

Er hat abgedankt unter dem Druck der Darwinschen Lehre, des Marxismus, des Realismus in der Kunst, des Behaviorismus, unter dem Druck der Freudschen Psychologie und, endgültig, unter dem eines biologistischen Menschenbildes. Der Mensch erfuhr sich der Reihe nach als Produkt der Phylogenese, der ökonomischen Verhältnisse, der Verhältnisse überhaupt, als Tummelplatz unterbewußter Regungen, als Steuerungsfeld seiner Molekularstrukturen. Je tiefer der homo sapiens seine eigene Bedingtheit erfuhr, desto weniger konnte er an seinen freien Willen und damit an die Wirksamkeit einer Selbstbeherrschung glauben.

Hinzu trat das Erlebnis zweier Weltkriege, der gleichsam blinden Streuung vernichtender Zufälle, der Nichtigkeit menschlicher Strebungen überhaupt.

Ein Drittes: das Erlebnis der Masse, die Überfüllung der Städte, das globale Überborden der eigenen Art. Auch seine wachsende Mobilität konnte den einzelnen nicht mehr darüber hinwegtäuschen, daß sein Lebensraum immer knapper wurde, daß seine Freiheit innen und außen dahinschmolz.

Dadurch verlor der Mensch noch einmal an Selbstwertge-

fühl und, merkwürdiger-, aber nicht ganz unlogischerweise, auch das Zutrauen in die eigene moralische Kraft.
Wozu sollte er also den Aufwand idealistisch-strenger Selbstbeherrschung treiben, da er sich ja am Ende doch nur als austauschbare Partikel in der Masse, als Spielball des Zufalls, als namenloses Menschenatom definiert sah?
Sollte also die Haltung einer disziplinierenden Selbstkontrolle ganz und gar der Vergangenheit angehören?
Keineswegs. Ich gebe zu (und hier muß ich dem von Ihnen gestellten Thema voll zustimmen): Auch wir sind angehalten, in tausend Fällen etwas zu üben, was der Selbstbeherrschung alten Zuschnitts zum Verwechseln ähnlich sieht.
Was geht etwa im Abfahrtsläufer vor, der (vielleicht nach erst kürzlich erlittener Verletzung notdürftig zusammengeflickt) wieder im Starthaus steht und sich hinunterstürzen soll in eine mörderische Piste? – Was im Chirurgen, der – mitten in der Nacht geweckt – alle Sinne zusammen nehmen muß, um eine schwierige Operation durchzuführen? – Was im Lehrer, der minderbegabten oder gar aufmüpfigen Schülern mit unentwegter Sanftmut begegnet? – Was im eiligen Autofahrer, der die Kurve abwartet, ehe er zur Überholung ansetzt? – Und was vor allem im Arbeiter, der – ausgelaugt vom tobenden Lärm der Maschinen – mit schmerzendem Kreuz und auf brennenden Füßen am Ende einer langen Schicht denselben Handgriff mit derselben Präzision ausführt wie am Anfang des Arbeitstages –? Sie alle haben etwas geleistet, was der berühmten Selbstbeherrschung alten Zuschnitts zum Verwechseln ähnlich sieht.
Und wir alle wissen: ohne täglicher millionenfacher Leistung dieser Art bräche unser ganzes System zusammen, versänke unsere Welt ins Chaos, könnten wir kaum eine Woche überleben.
Es liegt also nach wie vor an der Einordnung des Individuums in ein Soll-System, wenn irgend etwas laufen soll. Der sanfte Lehrer folgt einem pädagogischen Parameter, wenn er sich zur Langmut zwingt. Der Chirurg folgt seinem ärztlichen Berufsethos, seiner Berufsehre, wenn er Müdigkeit

und Überdruß überwindet. Der Arbeiter weiß, was das Werk, was die mit-werkende Belegschaft von ihm erwartet, so daß er – bei aller Distanz zum Arbeitgeber – sein Soll eisern erfüllt. Selbst der startende Skiathlet hat nicht nur den eigenen Gewinn, sondern auch seinen Verein im Kopf, der Geld und Mühe auf ihn gesetzt hat und dessen Erwartungen er nicht enttäuschen will. So hat ein jeder ein Beziehungsnetz verinnerlicht, das ihn hält, ja, aus dem auszusteigen er sich nicht einmal versucht fühlt.

Er hat ganz offenbar in diesem Beziehungsnetz seinen Stand gefunden, den – manchmal schmalen – Trittstein, auf dem er sich als Glied einer Funktionskette erfahren und damit seine Identität – wie reduziert diese fallweise sein mag – erleben kann.

Daß er sich dabei selbst *beherrsche*, wird er kaum denken. Sein Zustand kennt solche Vokabel nicht.

Ist nun diese höchst unpathetische Pflichterfüllung noch ein Derivat, noch ein Restbestand jener anderen hochgetrimmten Pflichtauffassung, die uns die ethischen Schulen des Abendlandes vom asketischen Mönchsideal bis Aufklärung und Klassik hinterlassen haben?

Oder geht sie auf noch ältere Bestände zurück, auf die Verinnerlichung ewiger Sachzwänge, wie sie etwa beim Urbarmachen der Erde, beim täglichen Kampf um Nahrung, Kleidung, Schutz vor Wetterunbill, beim Fischfang auf hoher See, bei der Arbeit im Bergwerk und Steinbruch, bei der lautlosen Mühsal der Mütter, im Urbestand der Menschheit also, zu lernen und als Grunderfahrungen der Existenz zu stapeln waren?

Im ersteren Fall müßte man fürchten, daß die Disposition zu Selbstbeherrschung oder zu dem, was Selbstbeherrschung zum Verwechseln ähnlich ist, sehr bald in einen Zustand allgemeinen Schwundes geriete, ja, vielleicht schon demnächst erlöschen würde.

Im zweiten Fall könnte die Prognose günstiger lauten. Auch in der menschlichen Natur dürfte etwas wie ein Gesetz der Schwerkraft gelten: je tiefer gestapelt ein Gewicht, desto stabiler ruht es. Je bescheidener die Benennung, desto ausdauernder die Sache.

Mit dieser eher kleinlauten Bilanz verabschiede ich mich von Ihnen und bleibe mit besten Grüßen

Ihre G. F.

Der vollendete Mönch, der vollkommene Priester, sie sprechen und handeln aus dem Tode heraus. Sie sind als Menschen bereits gestorben, sie haben den Tod vorweggenommen. Wer beim Gedanken an den Tod noch zittert oder trauert, der wird kein guter, kein zuverlässiger Philosoph sein. So hat man mit gutem Rechte in früheren Zeiten die Mönche „Philosophen" genannt, und so waren in jenen Zeiten die Philosophen Mönche.

Der Tod ist der einzige glaubwürdige Zustand der perfekten Interesselosigkeit, diese aber ist die Voraussetzung allen Philosophierens.

Hugo Ball: Die Flucht aus der Zeit (1926).

Jeder inspirierte Zustand geht aus einer gepflegten, gewollten Aushungerung hervor. Die Heiligkeit – diese ununterbrochene Inspiration – ist die Kunst, sich Hungers sterben zu lassen, ohne zu sterben, eine Herausforderung an die Eingeweide und gleichsam eine Demonstration der Unvereinbarkeit von Ekstase und Verdauung. Eine gemästete Menschheit produziert Skeptiker, aber niemals Heilige ... Kein „inneres Feuer", keine „Flamme", ohne die fast vollständige Verweigerung der Nahrung ... Jeder, der seinen Hunger stillt, ist geistig erledigt.

E. M. Cioran: Dasein als Versuchung. Klett-Cotta, Stuttgart 1983.

Der Asket macht aus der Tugend eine Not.

Nietzsche: Menschliches, Allzumenschliches I, Aph. 76.

Herbert Gruhl
Askese?
Vernunft und Bescheidenheit würden schon genügen

Wohl zu keiner Zeit der menschlichen Kulturgeschichte wurde das Materielle derart zum obersten Wert erhoben wie in der heutigen Welt. Das derzeitige Bestreben der Menschheit besteht darin, den materiellen Besitzstand, die Verfügbarkeit von Gütern, ständig weiter zu *erhöhen*. Jedenfalls ist dies immer noch das Ziel der herrschenden Mächte in West und Ost, und es wird – ob mit oder ohne Wahlen – von der großen Mehrheit der Bevölkerung mitgetragen. Die materielle Erfolgsbilanz gilt als vorrangig, ob nun von der Steigerung des Bruttosozialproduktes oder von der Erfüllung der Fünfjahrespläne die Rede ist; sie ist das oberste Ziel der kommunistischen Parteien wie derer, die sich christlich nennen.

Die materiellen Erfolge der letzten zweihundert Jahre sind in der Tat so phantastisch gewesen, daß sich die jetzige Bedrohung der Menschheit geradewegs aus diesen *Erfolgen* ergibt – nicht etwa aus Mißerfolgen. Das ist der radikale Umschwung: Wir müssen uns heute vor den Erfolgen fürchten, da sie in die größte Katastrophe führen, die das Menschengeschlecht je erlebt hat; denn es wird eine Katastrophe rund um den Planeten sein. Sie wird mehr Menschenleben vernichten als in früheren Jahrhunderten je gleichzeitig auf dieser Erde gelebt haben. Dabei ist noch nicht einmal vom Atomkrieg die Rede, sondern allein von der „friedlichen" Weiterentwicklung unseres „Fortschritts".

In meinem Buch „Ein Planet wird geplündert" (1975) habe ich die naturgesetzlichen Konsequenzen einer totalen Ausplünderung der Erde dargestellt. Diese ergeben sich:

1. aus der exponentiell wachsenden Zahl der Menschen

auf nicht zunehmender Fläche für ihre Ernährung und als Lebensraum;
2. aus dem exponentiell steigenden Verbrauch nicht nachwachsender Bodenschätze bis zu ihrer Erschöpfung;
3. aus der mit Punkt 1 und 2 verursachten Zerstörung der natürlichen Umwelt in Quantität und Qualität und dem damit bewirkten Verlust der Lebensbasis des Menschen.

Jede einzelne Entwicklung genügt bereits, um das Ende des Menschen auf dieser Erde herbeizuführen, aufgrund ihrer naturgesetzmäßigen Folgen. Die vor uns stehenden Überlebensprobleme wurden noch vor wenigen Jahren völlig ignoriert und werden immer noch von fast allen Verantwortlichen geleugnet.

Doch immer dringlicher wird in diesen Jahren die Frage aufgeworfen, ob denn der viel bejubelte Fortschritt überhaupt noch ein Gewinn für den Menschen sein kann. Werte unserer Zivilisation, die noch vor wenigen Jahren absolut gültig waren, werden in Zweifel gezogen – darunter auch Wissenschaft und Technik als Verursacher unvorhergesehener Auswirkungen.

Nachdem nun die „Grenzen des Wachstums" auf unserem Planeten gar nicht mehr ernsthaft bezweifelt werden können, werden Unmengen von „Patentrezepten" veröffentlicht, mit denen die Krise überwunden werden könne. Mir ist noch kein Rezept begegnet, das nicht zu kurz gegriffen hätte oder viel zu einseitig gewesen wäre. Dabei werden oft so hohe Ziele gesetzt, die kaum erreichbar sind und deshalb ablenken von dem, was in dieser Weltstunde aktuell zu tun ist. Allerdings wird dabei mit großartigen Schlagworten selten gespart. *„Askese"* scheint mir ein solches zu sein.

Der Abgrund zwischen dem gegenwärtigen Wohlleben und dem mönchischen Leben des Mittelalters ist auf jeden Fall unüberbrückbar, weil sich damals auch das normale Leben auf einem unvorstellbar niedrigem materiellen Niveau abspielte. In der Gegenwart finden nicht einmal die – verglichen mit den damaligen – komfortablen Klöster genügend Nachwuchs. Alles, was unterhalb des jetzigen „Lebensstandards" liegt, wird bekanntlich flugs als „menschenunwürdig" bezeichnet. Man hält inzwischen eine Lebensweise für „unzumutbar", die noch unseren unmittelbaren Vorfahren als luxuriös erschienen wäre.

Der Schriftsteller Carl Amery warf 1972 die *„neue Askese"* in seinem wichtigen Buch „Das Ende der Vorsehung" in die Diskussion, worunter er *„Konsumverweigerung"* verstand. Der Biologe Friedrich Cramer sprach 1975 ebenfalls von einer neuen Askese und meint damit, „daß wir freiwillig das wählen, was notwendig auf uns zukommt, nämlich Reduktion des Lebensstandards, mögliche Opfer". Der Physiker Carl Friedrich von Weizsäcker veröffentlichte 1978 den Aufsatz *„Gehen wir einer asketischen Weltkultur entgegen?"*, worin sogar der Begriff *„technische Askese"* auftaucht; womit er sagen will, daß der Mensch auf manches verzichten sollte, was technisch machbar wäre. Ähnliche Gedanken finden sich in dem 1984 erschienenen Buch des Diplomaten Gustav A. Sonnenhol „Untergang oder Übergang. Wider die deutsche Angst".

Auch von Seiten der beiden christlichen Konfessionen wurde der Begriff aufgenommen. Zur Weihnacht 1979 schrieb der protestantische Bischof Hans-Otto Wölber: „Partiell wird es wohl um eine asketische Kultur gehen, also um Übereinkünfte angesichts von Grenzen. Unsere Sympathie für diese Erde sollte jedenfalls unsere Demut und unsere Verzichte einschließen. Auch müßte etwas dabei sein vom franziskanischen Ideal: Alle Kreatur ist Bruder und Schwester." Von der katholischen Kirche wurde der Bischof von Limburg, Franz Kamphaus, besonders deutlich. Er schrieb am 15. November 1984 in der „Frankfurter Allgemeinen Zeitung": „Angesichts dieser Situation wird von uns – im Interesse eines lebenswürdigen Überlebens der Menschheit – eine entscheidende Veränderung unserer Lebensmuster, eine drastische Wandlung unserer wirtschaftlichen und sozialen Lebensprioritäten verlangt, und dies alles voraussichtlich noch innerhalb eines so kurzen Zeitraums, daß ein langsamer, konfliktfreier Lern- und

Anpassungsvorgang kaum zu erwarten ist. Es werden uns neue Formen der Selbstbescheidung, gewissermaßen der kollektiven Askese abverlangt." Am Schluß fragt er: „Wer wird die damit geforderte folgenreiche Wandlung unseres Bewußtseins und unserer Lebenspraxis in Gang setzen und nachhaltig motivieren?"
Die immer noch zunehmenden Menschenmassen verhalten sich aber gegenläufig. Sie lassen sich fortwährend – selbst im höchsten Wohlstand – neue Bedürfnisse einreden, zu deren Befriedigung sie weitere Anstrengungen zu leisten stets bereit sind. Die Ideologie des „ständigen wirtschaftlichen Wachstums" erfordert nicht nur die Unterwerfung des Denkens, sondern auch die Konformität im alltäglichen Verhalten: beim Arbeiten, Kaufen, Konsumieren und Wegwerfen. Nur auf diese Weise kann die Wirtschaft ihren Absatz aufrecht erhalten und *steigern*. Die erschreckend deutlich gewordene Begrenztheit unseres Planeten sagt uns, daß die Steigerung nicht mehr möglich sein wird.
Infolgedessen wird die Forderung nach „neuer Askese" in der westlichen Welt nicht religiös begründet, sondern von naturgesetzlichen Zwängen abgeleitet. Darum kann sie von Atheisten ebenso erhoben werden wie von Christen. Das heißt allerdings auch, daß der neuen Forderung der religiöse Impetus fehlt, der früher zu einer *freiwilligen Askese* in der Hoffnung auf das ewige Seelenheil geführt hatte. Diese Erwartung reichte selbst damals nur aus, um eine begrenzte Minderheit zu motivieren – während die heutige Zwangslage alle Schichten und alle Völker veranlassen müßte, Wege der Umkehr vor einer Bedrohung zu suchen, die von den Vorausdenkenden immer schärfer gesehen wird. Von einem freiwilligen gottgefälligen Tun, dessen Lohn dereinst zu erhoffen ist, kann eine solche Wende kaum bewerkstelligt werden. Allerdings steht auch bei der „neuen Askese" der Lohn nicht sofort in Aussicht; denn dieser besteht in einer Bewahrung der Lebensgrundlagen, die erst kommenden Generationen voll zugute kommen kann.
Heute geht es darum, die Ansprüche des Menschen wieder

zur Übereinstimmung mit den Naturgegebenheiten zu bringen, nachdem sich die Erwartung des 19. und des 20. Jahrhunderts auf die Ankunft der „schönen, heilen Welt" als bombastische Utopie erweist. Aber ist es richtig, sofort in das entgegengesetzte Extrem zu verfallen und eine „asketische Weltkultur" zu fordern? Das wird in der Fragestellung Carl Friedrich von Weizsäckers sehr deutlich: „Wäre es notwendig, dem Konsumwachstum (-wachstum!) durch Askese zu begegnen?"
Für uns geht es doch heute zunächst um *Verzicht* auf etwas, was man zwar *erwartet* hatte, womit man auch schon rechnen zu können glaubte, was man aber *nicht besitzt!* Schon dessen Ausbleiben läßt nun erwachsene Menschen so reagieren wie Kinder, die etwas zu Weihnachten nicht bekamen, was sie sich fest eingebildet hatten. Daraufhin sind sie schon geneigt, sich als große „Asketen" zu fühlen. Diese Wehleidigkeit ist ein typisches Zeichen unserer Gegenwart. Was sind das bloß für Lebewesen, die sich völlig unsinnige Erwartungen ausspinnen, auf deren zwangsläufiges Ausbleiben sie dann mit grandioser Pose reagieren. Dabei sagt uns doch jeder nüchterne Vergleich des europäischen „Lebensstandards" mit dem der eigenen Vergangenheit (wie dem der Entwicklungsländer), daß hier alle in einem historisch nie dagewesenen *Reichtum* schwelgen. Keine einzige der vergangenen Kulturen verfügte über eine derartige Fülle von Gütern und Komfort wie die heutige technisch-industrielle Weltzivilisation. Und keine der alten Kulturen hat den materiellen Gütern den Vorrang eingeräumt oder gar deren unaufhörliche Mehrung zum Ziel der Weltgeschichte erklärt. Wir leben zur Zeit in einer geschichtlich beispiellosen Kultur der absoluten Verschwendung! Wenn nun nicht mehr alle Jahre *mehr* verbraucht werden darf, sondern höchstens das Gleiche, dann ist es pure Blasphemie, sogleich von Askese zu reden: denn dann wäre jede ganz natürliche Lebensweise bereits asketisch zu nennen.
Überdies ist noch eine andere Frage aufzuwerfen, die ich in

meinem Buch „Das irdische Gleichgewicht" (1982) untersucht habe: ob die derzeitige Ökonomie überhaupt so ökonomisch ist, wie sie zu sein vorgibt. Das Ergebnis ist: Das heutige ökonomisch-staatliche System – Wilhelm Röpke nannte es *„Ökonomokratie"* – arbeitet in vielen Bereichen längst nicht mehr ökonomisch. Eine genaue Grenznutzenrechnung würde ergeben, daß das Ergebnis oft negativ ist. Negativ sogar schon dann, wenn wir die psychischen Auswirkungen auf den Menschen noch unberücksichtigt lassen. Selbst der materielle Nutzen der heutigen Ökonomie erreicht nur einen Bruchteil der zur Schau gestellten Ziffern. Tatsache ist, daß das Kosten/Nutzen-Verhältnis immer näher an Null herankommt, je höhere Stufen das sogenannte „wirtschaftliche Wachstum" erklimmt. In einigen Bereichen ist dieses Verhältnis seit langem negativ. In den höher entwickelten Ländern nimmt der zusätzliche Nutzen um so mehr ab, je höher die Entwicklung getrieben wird, bis er schließlich in Schaden umschlägt. Dieses Ergebnis kann als tröstlich verbucht werden; denn es trifft nicht zu, daß wir bei ausbleibendem „wirtschaftlichen Wachstum" solch große Nachteile hätten, wie dies die Zahlen suggerieren. Sobald aber die Ergebnisse der Steigerungsraten gar nicht so lebensfördernd und glückverheißend sind wie sie schienen, wird es auch kein so verheerendes Ereignis sein, wenn sie aus guten Gründen einmal wegfallen müssen.

Wir brauchen also keine Askese, sondern nur mehr *Selbstbeherrschung* und *Bescheidung*. Wer dazu nicht imstande ist, der soll nicht behaupten, daß er frei sei; sondern er steht unter der Herrschaft dessen, was heute „Konsumzwang" genannt wird. Wer zur Eigenverantwortung nicht taugt, hat sich schon immer beherrschen lassen müssen. Der ist heute der willenlose Sklave der Ökonomie, ohne daß er es merkt. Obwohl das Schlagwort der Zeit „Emanzipation" lautet, ist die Masse der Menschen nicht einmal mündig genug, um sich den Verlockungen des Konsums zu entziehen. Das Wort *„Konsumterror"* ist ein Beweis dafür, daß Menschen

eine neue selbstverschuldete Unmündigkeit willensschwach akzeptieren. *„Gäbe es geistig-seelisch reifere Konsumenten, so müßten sich auch die Produzenten umstellen. Gegen die Macht der starken Charaktere wären auch die stärksten Konzerne machtlos."* So Harald Stumpf in seinem Buch „Leben und Überleben" (1976).
Solange sich der Mensch den Wachstumszwängen unterwirft, muß er immer höriger werden; nur wenn er andere Werte als die höheren erkennt, wird er ein Stück Freiheit zurückgewinnen. Der erste reife Konsument, von dem die Geschichte berichtet, war Sokrates. Beim Betrachten der feilgebotenen Waren in Athen soll er gesagt haben: „Ach, wie vieles gibt es doch, was ich nicht brauche!"
Als ich in meinem Buch „Ein Planet wird geplündert" auf die sprichwörtlich gewordene Lebensweise der Spartaner hinwies, stürzten sich Wirtschaftler gerade auf diesen Punkt und kreischten: „Seht, was der euch zumutet!" Dabei bin ich der Meinung, daß die Spartaner keineswegs Asketen gewesen sind. Die Antwort habe ich meinen Gegnern schon damals gegeben: „Bald wird es nicht mehr tragisch, sondern nur noch komisch erscheinen, wenn Menschen erklären, daß sie dieses und jenes haben ‚müssen'. Noch argumentieren sie gern, es sei ‚nicht menschenwürdig', dieses und jenes entbehren zu sollen. Aber was ist das denn, ‚menschenwürdig'?" Nach heutigen Maßstäben hätten alle Asketen „menschenunwürdig" gelebt.
Der *Verzicht* auf dieses und jenes (ja sogar auf vieles) kann in den heutigen Wohlstandsländern nicht mit Askese gleichgesetzt werden. Zu fordern ist keine „neue Askese", sondern: Verzicht auf *steigenden* Konsum, auf hohe Kinderzahl, auf weitere Industrialisierung, auf Umweltverschmutzung, auf unsere unvermehrbaren Bodenschätze vergeudende Kapitalinvestitionen, auf intensive Landbewirtschaftung mit chemischen Mitteln – um zu einer *Gleichgewichtswirtschaft* zu kommen. Diese wäre noch keine asketische Wirtschaft. Im Gegenteil, Ivan Illich schrieb 1975: „Eine Gesellschaft, in der jeder wüßte, was genug ist,

wäre vielleicht eine arme Gesellschaft, sie wäre ganz sicher eine an Überraschungen reiche und freie Gesellschaft."
Wenn ich also den Begriff der „Askese" im Hinblick auf die Probleme von heute für unpassend finde, dann erstens, weil er in die religiösen Gefilde gehört, und zweitens, weil die vor uns liegenden Zwänge höchst irdischer Art sind. Weil in den Industrieländern des Westens wie des Ostens die Religion keine Macht mehr über die Massen hat, bleibt nur die *weltliche Vernunft*. Zugegeben: Eine Bewegung des Verzichts aus religiösen Antrieben ist wohl weit mächtiger als eine von der Vernunft begründete; zumal dann, wenn der Glaube ein fanatischer ist. Ich fragte 1975: „Wird die Vernunft den Menschen abhalten können, ihre eigene Lebensbasis völlig zu zerstören? Da besteht wohl wenig Hoffnung!" Die vergangenen zehn Jahre brachten keine Ermutigung für eine solche Hoffnung. Wird es der durch den Wohlstand korrumpierte Normalbürger jemals begreifen, daß menschliches Leben, wie jedes Leben, unter Anstrengungen besser gedeiht als in üppiger Fülle? In vielen Diskussionen wurde mir entgegengehalten, daß vom Menschen Vernunft und Selbstbeschränkung selbst dann nicht zu erwarten seien, wenn die Gefahren unmittelbar drohten. Die zur langfristigen Vorbeugung erforderliche Weisheit ist nur wenigen Menschen gegeben. Schon Oswald Spengler kam zu dem Schluß: „Es gibt keine weise Umkehr, keinen klugen Verzicht."
Die Vernunft scheint ebensowenig ein Führer für die Massen werden zu können wie die Askese. „Vernunft ist stets bei Wen'gen nur gewesen", meinte Schiller. Und gerade in unserer Zeit mag Friedrich Nietzsches Wort gelten: „Nicht nur die Vernunft von Jahrtausenden – auch ihr Wahnsinn bricht an uns aus. Gefährlich ist es, Erbe zu sein. Noch kämpfen wir Schritt um Schritt mit dem Riesen Zufall, und über der ganzen Menschheit waltete bisher noch der Unsinn, der Ohne-Sinn." (Also sprach Zarathustra)
Nicht die Vernunft hat in früheren Zeiten die Menschen zu Bescheidenheit gezwungen, sondern die karge Natur. Es

scheint auch ein Naturgesetz zu sein, daß sich eine Art solange vermehrt, bis sie an die von der Umwelt gesetzten Grenzen stößt, und dann von der Natur rücksichtslos dezimiert wird. Die Einschätzung des Menschen, die Dostojewski dem Großinquisitor in den Mund legt, scheint die treffende zu sein: „Niemals, niemals werden sie verstehen, untereinander zu teilen". Es könnte genausogut heißen: „Niemals werden sie verzichten!" Solche Worte hört man übrigens heute landauf, landab – selbst von denen, die durchaus die Notwendigkeit der Umkehr einsehen. In der Tat verhält sich der Großteil der angeblich vernunftbegabten Menschheit so irrational wie irgendeine Population des Tierreiches. Eine allgemeine freiwillige Bescheidung des Menschen ist wohl von seiner natürlichen Veranlagung her nicht zu erwarten. Er geht wie andere Lebewesen an die Grenze seiner Leistungsfähigkeit, und die ist für irdische Verhältnisse zu groß geworden. Der Mensch vermochte in den beiden letzten Jahrhunderten seine natürliche Begrenztheit zu durchbrechen, so daß er nun an die Grenzen seines Planeten stößt. Schon jetzt ist es ein Wettlauf mit den selbstproduzierten Ereignissen, deren verheerende Folgen zwangsläufig auf den Urheber zurückschlagen.

In früheren Kulturen, die allerdings nie die Natur in dem Maße wie wir beherrschen, haben gesellschaftliche Zwänge für Enthaltsamkeit gesorgt. Es gab weltliche und geistliche Autoritäten, die akzeptiert wurden. So besteht eine weitere Schwierigkeit der heutigen Welt darin, daß es keine anerkannten Autoritäten mehr gibt. Und Verhaltensweisen, die früher nur von Eliten gepflegt wurden, müßten jetzt von der ganzen Gesellschaft aufgenommen werden. Das ist noch stets mißlungen und wird wohl auch nie gelingen. Von Weizsäcker hat wohl recht, wenn er in dem genannten Aufsatz schreibt: „Nun kann man nicht erwarten, daß Menschheitsprobleme von einer hinreichenden Zahl von Menschen erkannt, geschweige denn mit Erfolgsaussicht praktisch angefaßt werden, wenn ihnen nicht ein Ethos gemeinsam und eine Verhaltensweise eingeübt ist, welche es gestatten, das Notwendige nicht psychisch zu verdrängen, sondern einzusehen und zu wollen." Eine Haltung, „die bisher stets mit elitärem Bewußtsein wesentlich verknüpft war", kann nicht ganze Völker durchdringen. Die Asketen und die von der Vernunft beherrschten sind immer Einzelgänger oder abgehobene Minderheiten geblieben, die Masse ist ihnen nie gefolgt.

Darum ist es höchst unlogisch, wenn von Weizsäcker ausgerechnet von dem „Schmelztiegel" der „Menschheit als Ganzes" eine asketische Weltkultur erhofft. Hier flüchtet der Realist in eine nur vage angedeutete Utopie. Dabei ist er sich doch darüber im klaren: „Nur die Existenzgefährdung ruft die Kräfte wach, welche – vielleicht – die Krise überwinden und eine neue Ebene der Existenz ermöglichen. Es wäre völlig falsch, wollten wir verkennen, daß wir auch heute einer Krise entgegengehen, die für unser System tödlich werden könnte. Deshalb mein Insistieren auf Erkenntnis der Zwänge, gegen die erkenntnisbetäubende Hoffnung: ‚es wird schon gut gehen'."

Der Siegeszug der Technik hat die Völker betäubt und einen Massenwahn erzeugt. Da insbesondere demokratische Parteien und Regierungen von der Masse stärker abhängen denn je, müssen sie sich deren Wahnvorstellungen willfährig zeigen. Das fällt ihnen nicht schwer, da ihre Einsichtsfähigkeit kaum größer ist. Dabei brauchen wir in dieser Weltsituation nicht nur Vernunft, sondern *vorausschauende* Vernunft. Und sie müßte eine solche Macht entwickeln, daß sie nicht nur das Denken, sondern auch die Handlungen aller Menschen bestimmen könnte. Denn wenn die Umkehr erst von der eingetretenen Katastrophe bewirkt wird, dann bleibt nicht mehr viel zu retten. Für diesen Fall malte uns der britische Welthistoriker Arnold Toynbee folgendes Bild:

„Die entwickelten Völker werden erfahren, daß sie sich in einem permanenten Belagerungszustand befinden, in dem die materiellen Lebensbedingungen so bescheiden wie während der beiden Weltkriege sein werden. Die bescheidene Lebensweise während der Kriege war vorübergehend, die zukünftige indes wird von Dauer und zunehmend ernster sein. Was geschieht dann?" Diese Völker werden sich „durch unnützen Widerstand selbst Schaden zufügen. Und da sie weder die ‚unterentwickelten' Völker noch die Natur unter ihre Gewalt zu bringen vermögen, werden sich die Menschen in den ‚entwickelten' Ländern untereinander attackieren: In jedem der belagerten ‚entwickelten' Länder wird man bitter um die verminderten Ressourcen ringen. Dadurch wird eine bereits schlechte Wirtschaftslage weiter verschlimmert, so daß dem irgendwie Einhalt geboten werden muß. Ließe man diesen Dingen freien Lauf, dann würde dies zur Anarchie und einer drastischen Minderung der Bevölkerung, zu Hungersnot und Seuchen, den historischen Bevölkerungs-‚Killern' führen ... Vielleicht kommt es soweit, daß wir notgedrungen zur Lebensweise der ersten christlichen Mönche im oberen Ägypten und deren Nachfolger im 6. Jahrhundert zurückkehren. Der Verlust des Überflusses wird außerordentlich unbequem sein, und es wird gewiß schwerfallen, damit fertig zu werden. Aber irgendwie mag dies ‚Glück im Unglück' bedeuten, falls wir uns dieser ernsten Lage gewachsen zeigen."

Also erst dann, wenn es keinen anderen Ausweg mehr gibt, erwartet Toynbee wie andere eine Rückkehr zur Vernunft, die im äußersten Fall sogar eine asketische wäre. Doch wer möchte für diesen Fall Voraussagen wagen? In dieser apokalyptischen Situation könnte es durchaus sein, daß auch eine religiöse Verkündigung wieder eine asketische Lebensweise fordert – dann hätte der Kreis der Geschichte noch einmal seinen Ursprung erreicht.

Weiterführende Literatur

Zusammengestellt von Gerd-Klaus Kaltenbrunner

Antweiler, Anton: Vom Priestertum. Fredebeul & Koenen, Essen 1932, 152 S.
Antweiler, Anton: Der Priester heute und morgen. Erwägungen zum Zweiten Vatikanischen Konzil. Aschendorff, Münster 1967, 146 S.
Antweiler, Anton: Zölibat. Ursprung und Geltung. Hueber, München 1969, 157 S.
Antweiler, Anton: Wider die zehn Thesen über den Pflichtzölibat. Mit einem Anhang „Der Freiwilligkeitseid". Glock & Lutz, Nürnberg 1970, 80 S.
Arbesmann, R. P.: Das Fasten bei den Griechen und Römern. Gießen 1929, VIII, 131 S. (Religionsgeschichtliche Versuche und Vorarbeiten 21,1).
Auer, Albert: Die philosophischen Grundlagen der Askese. Pustet, Salzburg 1946, 252 S.
Ball, Hugo: Byzantinisches Christentum. Drei Heiligenleben. Insel-Verlag, Frankfurt a. M. 1979, 323 S. (zuerst: Duncker & Humblot, Leipzig 1923).
Balthasar, Hans Urs von: Theologie und Heiligkeit. In: Verbum Caro. Skizzen zur Theologie I. Johannes-Verlag, Einsiedeln 1960, S. 195-225.
Balthasar, Hans Urs von: Spiritualität. In: Verbum Caro. Skizzen zur Theologie I. Johannes-Verlag, Einsiedeln 1960, S. 226-244.
Balthasar, Hans Urs von (Hrsg.): Die großen Ordensregeln. Benziger, Köln ²1961, 411 S.
Benedikt (Benedictus): Die Benediktus-Regel. Regula. Lateinisch-deutsche Ausgabe. Hrsg. von Basilius Steidle. Beuroner Kunstverlag, Beuron ²1975, 211 S.
Benz, Ernst: Die Vision. Erfahrungsformen und Bilderwelt. Klett, Stuttgart 1969, 694 S.
Berglar, Peter: Opus Dei. Leben und Werk des Gründers Josemaría Escrivá. Otto Müller Verlag, Salzburg 1983, 364 S., mit Abb.
Bergson, Henri: Die beiden Quellen der Moral und der Religion. In: Materie und Gedächtnis und andere Schriften. S. Fischer, Frankfurt a. M. 1964, S. 247-489.
Bericht über das Leben des Heiligen Franz von Assisi oder Der

Spiegel der Vollkommenheit. Mit einem Nachwort von Romano Guardini. Kösel, München 1982, 260 S.

Bernstein, Marcelle: Nonnen. Leben in zwei Welten, Kindler, München 1977, 294 S.

Beth, Karl: Religion und Magie. Teubner, Leipzig ²1927, XII, 433 S.

Bonaventura, Thomas von Celano, Walter Nigg: Der Mann aus Assisi. Franziskus und seine Welt. Herder, Freiburg i. Br. 1975, 144 S.

Braun, Herbert: Spätjüdisch-häretischer und frühchristlicher Radikalismus. Jesus von Nazareth und die essenische Qumransekte. Mohr, Tübingen 1957, 2 Bde.

Braun, Herbert: Gesammelte Studien zum Neuen Testament und seiner Umwelt. Mohr, Tübingen 1962, 341 S.

Browe, Peter, S. J.: Beiträge zur Sexualethik des Mittelalters. Müller & Seiffert, Breslau 1932, 143 S. (Breslauer Studien zur historischen Theologie 23).

Browe, Peter, S. J.: Zur Geschichte der Entmannung. Eine religions- und rechtsgeschichtliche Studie. Müller & Seiffert, Breslau 1936, 125 S. (Breslauer Studien zur historischen Theologie, N. F. 1).

Buddha (Buddho): Die Reden Gotamo Buddhos. Zum ersten Mal übersetzt von Karl Eugen Neumann. Piper, München ³1922, 3 Bde. Bd. 1: XLIII, 817 S.; Bd. 2: XV, 919 S.; Bd. 3: XIV, 826 S.

Buddha (Buddho): Die letzten Tage Gotamo Buddhos. Aus dem Großen Verhör über die Erlöschung Mahāparinibbānasuttam des Pāli-Kanons übersetzt von Karl Eugen Neumann. Piper, München ²1923, XXVIII, 283 S.

Buddha (Buddho): Die Lehrreden des Buddha aus der Angereihten Sammlung. Neue Gesamtausgabe in fünf Bänden. Aus dem Pāli übersetzt von Nyanatiloka. Überarbeitet und herausgegeben von Nyanaponika. Aurum Verlag, Freiburg i. Br. 1984, insges. 1230 S.

Buonaiuti, Ernesto: Geschichte des Christentums. Band 1: Altertum. Francke, Bern 1948, 398 S.

Buonaiuti, Ernesto: Geschichte des Christentums. Band 2: Mittelalter. Francke, Bern 1957, 389 S.

Campenhausen, Hans Freiherr von: Die asketische Heimatlosigkeit im altkirchlichen und frühmittelalterlichen Mönchtum. Mohr (Siebeck), Tübingen 1930, 31 S.

Campenhausen, Hans Freiherr von: Die Askese im Urchristentum. Mohr, Tübingen 1949, 48 S.

Campenhausen, Hans Freiherr von: Aus der Frühzeit des Christentums. Studien zur Kirchengeschichte des 1. und 2. Jahrhunderts. Mohr, Tübingen 1963, 335 S.

Carové, Friedrich Wilhelm: Über das Cölibatgesetz des römisch-katholischen Klerus. Brunner, Frankfurt a. M. 1832–1833, 2 Bde.

Carré, Ambroise Marie: Ehelosigkeit – Berufung oder Schicksal? Grünewald, Mainz 1961, 139 S.

Cassian: Spannkraft der Seele. Einweisung in das christliche Leben I. Hrsg. von Gertrude und Thomas Sartory. Herder, Freiburg i. Br. 1981, 176 S. (Texte zum Nachdenken).

Catholicus: Um den Zölibat. Eine Studie und Diskussionsgrundlage. Christiana-Verlag, Zürich 1966, 99 S.

Cioran, E. M.: Der Absturz in die Zeit. Aus dem Französischen von Kurt Leonhard. Klett-Cotta, Stuttgart ²1980, 144 S.

Cobb, Cioran, E. M.: Dasein als Versuchung. Aus dem Französischen von Kurt Leonhard. Klett-Cotta, Stuttgart 1983, 163 S.

Cioran, John B.: Die christliche Existenz. Eine vergleichende Studie. Claudius, München 1970, 196 S.

Conze, Edward: Eine kurze Geschichte des Buddhismus. Insel, Frankfurt a. M. 1984, 174 S.

Coudenhove-Kalergi, Richard Nikolaus: Ethik und Hyperethik. Verlag Der Neue Geist, Leipzig 1922, 125 S.

Coudenhove-Kalergi, Richard Nikolaus: Held oder Heiliger. Paneuropa Verlag, Wien – Paris – Leipzig 1927, 240 S.

Décarreaux, Jean: Die Mönche und die abendländische Zivilisation. Rheinische Verlags-Anstalt, Wiesbaden 1964, 400 S., mit Abb.

Dietz, Matthias (Hrsg.): Kleine Philokalie. Belehrung der Mönchsväter der Ostkirche über das Gebet. Eingeleitet von Igor Smolitsch. Benziger, Zürich – Einsiedeln – Köln 1976, 190 S.

Dirks, Walter: Die Antwort der Mönche. Geschichtsauftrag der Ordensstifter. Walter, Olten – Freiburg i. Br. ³1968, 222 S.

Doms, Herbert: Vom Sinn des Zölibats. Regensberg, Münster 1954, 68 S.

Doms, Herbert: Dieses Geheimnis ist groß. Eine Studie über theologische und biologische Zusammenhänge. Verlag Wort und Werk, Köln 1960, 121 S.

Doornik, Nicolaas G. van: Franz von Assisi. Aus dem Niederländischen von Hugo Zulauf. Herder, Freiburg i. Br. 1977, 224 S.

Dumoulin, Heinrich: Begegnung mit dem Buddhismus. Herder, Freiburg i. Br. – Basel – Wien ²1982, 176 S.

Eckstein, Ferdinand von: Geschichtliches über die Askesis der alten heidnischen und der alten jüdischen Welt als Einleitung einer Geschichte der Askesis des christlichen Mönchtums. Hrsg. von Ignaz Döllinger. Herder, Freiburg i. Br. 1862.

Egenter, Richard: Die Aszese des Christen in der Welt. Überlegungen zum rechten Ansatz unserer Aszese. Buch- und Kunst-Verlag, Ettal 1956, 236 S.

Evola, Julius: Revolte gegen die moderne Welt. Neue Übersetzung der dritten, von letzter Hand verbesserten Auflage, Rom 1969. Ansata, Interlaken 1982, 450 S.

Fallmerayer, Jacob Philipp: Fragmente aus dem Orient. Mit einem Vorwort von Hermann Reidt. Bruckmann, München 1963, 365 S., 50 Abb.

Feckes, Carl: Die Lehre vom christlichen Vollkommenheitsstreben. Herder, Freiburg i. Br. ²1953, X, 475 S.

Fehrle, Eugen: Die kultische Keuschheit im Altertum. Töpelmann, Berlin 1966, XII, 250 S. (Unveränderter Nachdruck der Ausgabe Gießen 1910).

Fenichel, Otto: The Psychoanalytic Theory of Neurosis. Norton, New York 1945, 703 S.

Fenichel, Otto: Hysterien und Zwangsneurosen. Psychoanalytische spezielle Neurosenlehre. Wissenschaftliche Buchgesellschaft, Darmstadt 1967, 193 S. (Unveränderter Nachdruck der Ausgabe Wien 1931).

Fenichel, Otto: Perversionen, Psychosen, Charakterstörungen. Psychoanalytische spezielle Neurosenlehre. Wissenschaftliche Buchgesellschaft. Darmstadt 1967, 218 S. (Unveränderter Nachdruck der Ausgabe Wien 1931).

Fenichel, Otto: Psychoanalytische Neurosenlehre. Walter, Olten – Freiburg i. Br. ²1977, 272 S.

Fink, Humbert: Franz von Assisi. Der Mann, das Werk, die Zeit. List, München 1981, 350 S.

Fischer, Heinz-Joachim: Gegen die Spielregeln der Welt leben. Der heilige Franziskus von Assisi. In: Frankfurter Allgemeine Zeitung, Nr. 144, 26. Juni 1982 (Wochenendbeilage).

Fischer, Hugo: Die Geburt der westlichen Zivilisation aus dem Geist des romanischen Mönchtums. Kösel, München 1969, 277 S.

Frank, Suso: Angelikos bios. Begriffsanalytische und begriffsgeschichtliche Untersuchung zum „engelgleichen Leben" im frühen Mönchtum. Aschendorff, Münster 1965, XV, 207 S. (Beiträge zur Geschichte des alten Mönchtums und des Benediktinerordens 26).

Frankl, Victor E.: Homo patiens. Versuch eine Pathodizee. Deuticke, Wien 1950, 114 S.

Franziskus von Assisi: Der Sonnengesang des heiligen F. v. A. Erläutert von Otger Steggink und Bildern von Brigitte Kleyn – Altenburger. Aurum, Freiburg i. Br. 1979, 105 S., 16 Bildtaf.

Franziskus von Assisi: Geliebte Armut. Texte vom und über den Poverello. Herder, Freiburg i. Br. 1977, 128 S. (Texte zum Nachdenken).

Franzen, August: Zölibat und Priesterehe in der Auseinandersetzung der Reformationszeit und der katholischen Reform des 16. Jahrhunderts. Aschendorff, Münster 1969, 98 S.

Freud, Sigmund: Das Tabu der Virginität (1918). In: Gesammelte Werke. Unter Mitwirkung von Marie Bonaparte, Prinzessin Georg von Griechenland, hrsg. von Anna Freud u. a. Imago Press, London 1940–1953. Bd. XII (Schriften aus den Jahren 1917–1920), S. 159–180.

Freud, Sigmund: Jenseits des Lustprinzips (1920). In: Gesammelte Werke. Unter Mitwirkung von Marie Bonaparte, Prinzessin Georg von Griechenland, hrsg. von Anna Freud u. a. Imago Press, London 1940–1953, Bd. XIII (Schriften aus den Jahren 1920–1924), S. 1–70.

Freud, Sigmund: Das Unbehagen in der Kultur (1930). In: Gesammelte Werke. Unter Mitwirkung von Marie Bonaparte, Prinzessin Georg von Griechenland, hrsg. von Anna Freud u. A. Imago Press, London 1940–1953, Bd. XIV (Schriften aus den Jahren 1925–1931), S. 419–506.

Furger, Franz: Freiwillige Askese als Alternative. In: Überleben und Ethik. Die Notwendigkeit, bescheiden zu werden. Hrsg. von Gerd-Klaus Kaltenbrunner. Herder, Freiburg i. Br. – München 1976, S. 77–90 (Herderbücherei INITIATIVE 10).

Furger, Franz: Die soziale Nützlichkeit des Mystikers. In: Die Suche nach dem anderen Zustand. Wiederkehr der Mystik? Hrsg. von Gerd-Klaus Kaltenbrunner. Herder, Freiburg i. Br. – München 1976, S. 122–132 (Herderbücherei INITIATIVE 15).

Gainet, Jean-Claude, J. Clovis Poussin: Dictionnaire d'ascétisme. Migne, Paris 1853–1854, 2 Bde. (Nouvelle encyclopédie theologique, Ser. II, 45, 46).

Garrigou-Lagrange, Reginald: Mystik und christliche Vollendung. Haas & Grabherr, Augsburg 1927, XIX, 553 S.

Gehlen, Arnold: Die Seele im technischen Zeitalter. Sozialpsychologische Probleme der industriellen Gesellschaft. Rowohlt, Hamburg 1957, 131 S. (Rowohlts Deutsche Enzyklopädie 53).

Gehlen, Arnold: Der Mensch. Seine Natur und seine Stellung in der Welt. Athenäum, Frankfurt a. M. – Bonn ^{7}1962, 410 S.

Gehlen, Arnold: Urmensch und Spätkultur. Philosophische Ergebnisse und Aussagen. Athenäum, Frankfurt a. M. – Bonn ^{2}1964, 271 S.

Gehlen, Arnold: Moral und Hypermoral. Eine pluralistische Ethik. Athenäum, Frankfurt a. M. ^{3}1973, 193 S., bes. S. 73–77.

Gerlitz, Peter: Die Religionen und die neue Moral. Wirkungen einer weltweiten Säkularisation. Claudius, München 1971, 192 S.

Geyer, Hans F.: Gedanken des Leibes über den Leib. Philosophisches Tagebuch VI. Rombach, Freiburg i. Br. 1974, 217 S.

Görres, Ida Friederike: Laiengedanken zum Zölibat. Knecht, Frankfurt a. M. 1962, 89 S.
Görres, Joseph: Die christliche Mystik. Unveränderter Nachdruck der Ausgabe Regensburg 1879–1880. Akademische Druck- und Verlagsanstalt, Graz 1960, 5 Bde., insgesamt 3016 S.
Gosztonyi, Alexander: Zwang oder Charisma? Zum Zölibat der Priester. In: Neue Zürcher Zeitung, Fernausgabe Nr. 280, 12. Oktober 1968, S. 73.
Gottschalk, Herbert: Weltbewegende Macht Islam. Wesen und Wirken einer revolutionären Glaubensmacht. Scherz, Bern – München ²1980, 279 S.
Green, Julien: Bruder Franz. Herder, Freiburg i. Br. 1985, 416 S.
Grimm, Georg: Die Lehre des Buddho. Die Religion der Vernunft und der Meditation. R. Löwit, Wiesbaden 1979, L, 526 S.
Guardini, Romano: Askese als Element der menschlichen Existenz. In: Guardini, Romano, Eduard Spranger: Vom stilleren Leben. Werkbund-Verlag, Würzburg ³1960, S. 23–46.
Günther, Joachim: Askese, Zölibat und Ehe. In: Neue Deutsche Hefte, Jg. 25, H. 157 (Berlin 1978), S. 23–31.
Gundert, Wilhelm: Japanische Religionsgeschichte. Japanisch-Deutsches Kulturinstitut, Tôkyô; D. Gundert Verlag, Stuttgart 1935, XVIII, 267 S., mit Karten und Abb.
Hanssler, Bernhard: Glauben aus der Kraft des Geistes. Unkonventionelle Wege der Wiederbegegnung. Herder, Freiburg i. Br. 1981, 142 S.
Harnack, Adolf von: Das Mönchtum, seine Ideale und seine Geschichte. Ricker, Gießen 1895, 62 S.
Hartmann, Nicolai: Ethik. De Gruyter, Berlin ⁴1962, XXII, 321 S.
Heinen, Wilhelm: Fehlformen des Liebesstrebens in moralpsychologischer Deutung und moraltheologischer Würdigung. Herder, Freiburg i. Br. 1954, XV, 526 S.
Hengstenberg, Hans E.: Askese als Mittel göttlicher Vorsehung und Führung. Werkbund-Verlag, Würzburg 1940, 16 S.
Hengstenberg, Hans E.: Christliche Askese. Von den Ursprüngen der sittlich-religiösen Entfaltung. Kerle, Heidelberg ²1948, 315 S.
Hengstenberg, Hans E.: Der Leib und die letzten Dinge. Pustet, Regensburg ²1955, 301 S.
Herwegen, Ildefons: Vom christlichen Sein und Leben. Gesammelte Vorträge. St. Augustinus-Verlag, Berlin 1931, 211 S.
Herwegen, Ildefons: Der heilige Benedikt. Ein Charakterbild. Patmos, Düsseldorf ⁴1951, 203 S.
Herwegen, Ildefons: Väterspruch und Mönchsregel. Aschendorff, Münster ²1977, 55 S.
Heussi, Karl: Der Ursprung des Mönchtums. Mohr, Tübingen 1936, XII, 308 S.

Hildebrand, Dietrich von: Reinheit und Jungfräulichkeit. Benziger, Einsiedeln – Köln ³1950, 203 S.

Hildebrand, Dietrich von: Zölibat und Glaubenskrise. Habbel, Regensburg 1970, 168 S.

Hippel, Ernst von: Die Krieger Gottes. Die Regel Benedikts als Ausdruck frühchristlicher Gemeinschaftsbildung. Schöningh 1953, 102 S.

Hirschauer, Gerd: Schwierigkeiten mit dem Zölibat. In: Werkhefte (München), Mai 1964, S. 151 ff.

Holl, Karl: Enthusiasmus und Bußgewalt beim griechischen Mönchtum. Eine Studie zu Symeon dem neuen Theologen. Hinrichs, Leipzig 1898, VI, 331 S.

James, William: Die Vielfalt der religiösen Erfahrung. Eine Studie über die menschliche Natur. Übersetzt, herausgegeben und mit einem Nachwort versehen von Eilert Herms. Walter, Olten – Freiburg i. Br. 1980, 597 S.

Juncker, Alfred: Die Ethik des Apostels Paulus. Niemeyer, Halle an der Saale 1904–1919, 2 Bde.

Jungclaussen, Emmanuel: Der Meister in dir. Entdeckung der inneren Welt nach Johannes Tauler. Herder, Freiburg i. Br. – Basel – Wien 1975, 142 S.

Kaltenbrunner, Gerd-Klaus (Hrsg.): Überleben und Ethik. Die Notwendigkeit, bescheiden zu werden. Herder, Freiburg i. Br. – München 1976, 192 S. (Herderbücherei INITIATIVE 10).

Kaltenbrunner, Gerd-Klaus (Hrsg.): Die Suche nach dem anderen Zustand. Wiederkehr der Mystik? Herder, Freiburg i. Br. – München 1976, 192 S. (Herderbücherei INITIATIVE 15).

Kaltenbrunner, Gerd-Klaus: EUROPA. Seine geistigen Quellen in Porträts aus zwei Jahrtausenden. Glock & Lutz, Heroldsberg bei Nürnberg 1981–1985, 3 Bde.

Kassner, Rudolf: Der indische Idealismus. Eine Studie (1903). In: Sämtliche Werke I. Neske, Pfullingen 1969, S. 429–490.

Kassner, Rudolf: Der indische Gedanke (1913). In: Sämtliche Werke III. Neske, Pfullingen 1976, S. 105–138.

Klages, Ludwig: Der Geist als Widersacher der Seele. 5., ungekürzte Auflage. Bouvier, Bonn 1972, 1522 S.

Kleiner, Sighard: Das Ideengut des heiligen Benedikt heute. Ein religiöser und kulturgeschichtlicher Vergleich. Naumann, Würzburg 1979, 19 S.

Köberle, Adolf: Der asketische Klang in der urchristlichen Botschaft. In: Festschrift für Landesbischof Theophil Wurm. 1948, S. 67–82.

Köhler, Oskar: Kleine Glaubensgeschichte. Christsein im Wandel der Weltzeit. Herder, Freiburg i. Br. 1982, 427 S. (Herderbücherei 987).

Kofler, Leo: Der asketische Eros. Europa-Verlag, Wien 1967, 340 S.
Kologriwof, Iwan von: Das andere Rußland. Versuch einer Darstellung des Wesens und der Eigenart russischer Heiligkeit. Manz, München 1958, 379 S.
Kremer, Jakob: „Was an den Leiden Christi noch mangelt." Eine Untersuchung zu Kolosser 1, 24 b. Hanstein, Bonn 1956 (Bonner biblische Beiträge 12).
Lacarrière, Jacques: Die Gott-Trunkenen. Limes, Wiesbaden 1967, 300 S., mit Abb.
Latour, Sophie, Hans Mislin: Franziskus von Assisi. Der ökumenisch-ökologische Revolutionär. Ein Dialog. Hohenstaufen, Berg-Bodman 1984, 160 S.
Lee, Laruie: Appetit. In: Verzauberte Tage. Autobiographisches. Kindler, München 1977, S. 101–105.
Legrand, Lucien: La Virginité dans la Bible. Cerf, Paris 1964, 160 S. (Lectio divina 39).
Lindworsky, Johannes: Psychologie der Aszese. Winke für eine psychologisch richtige Aszese. Herder, Freiburg i. Br. 1936, VII, 94 S.
Lorenz, Erika: Teresa von Avila. Licht und Schatten. Novalis Verlag, Schaffhausen 1982, 207 S.
Loyola, Ignacio de (Ignatius von Loyola): Geistliche Übungen (Exercitia spiritualia). Übersetzt und erläutert von Peter Knauer. Styria, Graz – Wien – Köln 1983, 333 S., 2 Taf.
Manselli, Raoul: Franziskus. Der solidarische Bruder. Benziger, Zürich – Einsiedeln – Köln 1984, 384 S.
Mensching, Gustav: Buddha und Christus. Ein Vergleich. Deutsche Verlags-Anstalt, Stuttgart 1978, 287 S.
Müller, Josef: Die Keuschheitsideen in ihrer geschichtlichen Entwicklung und praktischen Bedeutung. Kirchheim, Mainz 1897.
Mynarek, Hubertus: Eros und Klerus. Vom Elend des Zölibats. Econ, Düsseldorf 1978, 304 S.
Nagel, Peter: Die Motivierung der Askese in der alten Kirche und der Ursprung des Mönchtums. Akademie-Verlag, Berlin 1966, XVIII, 120 S.
Němeček, Ottokar: Die Wertschätzung der Jungfräulichkeit. Zur Philosophie der Geschlechtsmoral. Verlag Ringbuchhandlung A. Sexl, Wien 1953, 336 S.
Nietzsche, Friedrich: Sämtliche Werke. Kritische Gesamtausgabe. Hrsg. von G. Colli und M. Montinari. Deutscher Taschenbuch Verlag, München 1980, 15 Bde.
Nigg, Walter: Vom Geheimnis der Mönche. Artemis, Zürich – Stuttgart 1953, 421 S.

Nigg, Walter: Buch der Büßer. Neun Lebensbilder. Walter, Olten – Freiburg i. Br. 1970, 248 S.

Nigg, Walter: Die Heiligen kommen wieder. Leitbilder christlicher Existenz. Herder, Freiburg i. Br. 1973, 159 S. (Herderbücherei 468).

Nikolaus von Flüe: Erleuchtete Nacht. Mit Texten von Margrit Spichtig und Illustrationen von Alois Spichtig. Herder, Freiburg i. Br. 1981, 128 S. (Texte zum Nachdenken).

Nitobé, Inazo: Bushido. Die innere Kraft der Samurai. Ansata, Interlaken 1985, 222 S.

Noelle-Neumann, Elisabeth: Selbstbeherrschung – kein Thema. In: Eine demoskopische Deutschstunde. Interfrom, Zürich 1983, S. 116–129.

Nuttin, Joseph: Psychoanalyse und Persönlichkeit. Universitätsverlag Freiburg (Schweiz) 1956, 338 S.

Osuna, Francisco de: Versenkung. Weg und Weisung des kontemplativen Gebetes. Hrsg. von Erika Lorenz. Herder, Freiburg i. Br. 1982, 144 S. (Texte zum Nachdenken).

Overbeck, Franz: Christentum und Kultur. Gedanken und Anmerkungen zur modernen Theologie. Aus dem Nachlaß hrsg. von Carl Albrecht Bernoulli. Schwabe, Basel 1919, 300 S. (Photomechanischer Nachdruck: Wissenschaftliche Buchgesellschaft, Darmstadt 1963).

Paret, Rudi: Mohammed und der Koran. Kohlhammer, Stuttgart [4]1976, 160 S.

Peterson, Erik: Einige Beobachtungen zu den Anfängen der christlichen Askese. In: Frühkirche, Judentum und Gnosis. Herder, Freiburg i. Br. 1959, S. 209–220.

Pfeiffer, Arnold: Franz Overbecks Kritik des Christentums. Vandenhoeck & Ruprecht, Göttingen 1975, 231 S.

Pfliegler, Michael: Priesterliche Existenz. Tyrolia, Innsbruck – Wien – München 1953, 441 S.

Pfliegler, Michael: Der Zölibat. Benziger, Einsiedeln [2]1966, 58 S.

Pieper, Josef: Das Viergespann: Klugheit–Gerechtigkeit–Tapferkeit–Maß. Kösel, München o. J., 288 S.

Plutarch: Lebensklugheit und Charakter. Aus den „Moralia". Ausgewählt, übersetzt und eingeleitet von Rudolf Schottlaender. Schünemann Verlag, Bremen 1983, 295 S.

Pohlmann, Constantin: Der neue Mensch: Franziskus. Grünewald, Mainz 1985 (Topos-Taschenbuch 148).

Prinz, Friedrich (Hrsg.): Mönchtum und Gesellschaft im Frühmittelalter. Wissenschaftliche Buchgesellschaft, Darmstadt 1976, 459 S.

Probst, Peter: Der „gehemmte" Mensch. In: Philosophisches Jahr-

buch der Görres-Gesellschaft, Jg. 91 (1984), 2. Halbbd., S. 391-399.
Przywara, Erich: Majestas divina. Ignatianische Frömmigkeit. Filser, Augsburg – Köln – Wien 1925, 28 S.
Przywara, Erich: Wandlung (1925). In: Frühe Religiöse Schriften. Johannes-Verlag, Einsiedeln 1962, S. 381-469.
Przywara, Erich: Majestas divina (1925). In: Frühe Religiöse Schriften. Johannes-Verlag, Einsiedeln 1962, S. 475-518.
Rahner, Karl: Schriften zur Theologie. Benziger, Köln 1954 ff. Bd. 3: Zur Theologie des geistlichen Lebens (1956), S. 11-34, 61-72, 72-104.
Rahner, Karl: Einübung priesterlicher Existenz. Herder, Freiburg i. Br. ²1971, 303 S.
Rinser, Luise: Zölibat und Frau. Echter, Würzburg 1968, 45 S.
Rudolph, Kurt (Hrsg.): Gnosis und Gnostizismus. Wissenschaftliche Buchgesellschaft, Darmstadt 1975, XVIII, 862 S.
Ruhbach, Gerhard, Joseph Sudbrack (Hrsg.): Große Mystiker. Leben und Wirken. Beck, München 1984, 400 S.
Salvatorelli, Luigi: Benedikt, der Abt des Abendlandes. Aus dem Italienischen von Gertrud Kühl-Claassen. Goverts, Hamburg – Leipzig 1937, 193 S.
Sartory, Gertrude, Thomas Sartory (Hrsg.): Lebenshilfe aus der Wüste. Die alten Mönchsväter als Therapeuten. Herder, Freiburg i. Br. 1980, 160 S. (Texte zum Nachdenken).
Sartory, Gertrude, Thomas Sartory: Die Meister des Weges in den großen Weltreligionen. Herder, Freiburg i. Br. 1981, 176 S. (Herderbücherei 847).
Sartory, Gertrude, Thomas Sartory (Hrsg.): Benedikt von Nursia – Weisheit des Maßes. Herder, Freiburg i. Br. 1981, 141 S. (Herderbücherei 884).
Savramis, Demosthenes: Zur Soziologie des byzantinischen Mönchtums. E. J. Brill, Köln 1962, 99 S.
Scheler, Max: Die Stellung des Menschen im Kosmos. Francke, Bern ⁷1966, 100 S.
Schellenberger, Bernardin: Ein anderes Leben. Was ein Mönch erfährt. Herder, Freiburg i. Br. – Basel – Wien 1980, 136 S.
Schelsky, Helmut: Soziologie der Sexualität. Über die Beziehungen zwischen Geschlecht, Moral und Gesellschaft. Rowohlt, Hamburg 1955, 148 S. (Rowohlts Deutsche Enzyklopädie 2).
Schillebeeckx, Edward: Der Amtszölibat. Eine kritische Besinnung. Aus dem Holländischen übersetzt von Hugo Zulauf. Patmos, Düsseldorf 1967, 100 S.
Schjelderup, Kristian: Die Askese. Eine psychologische Untersuchung. De Gruyter, Berlin 1928, VI, 249 S.
Schlingloff, Dieter: Die Religion des Buddhismus. Bd. 1: Der

Heilsweg des Mönchtums. De Gruyter, Berlin 1962, 122 S. (Sammlung Göschen 174).

Schmitz, Philibert: Geschichte des Benediktinerordens. Ins Deutsche übertragen von Ludwig Raeber O. S. B. Benziger, Einsiedeln – Zürich 1947–1955, 4 Bde.

Schneider, Carl: Geistesgeschichte der christlichen Antike. Deutscher Taschenbuch Verlag, München 1978, 693 S.

Schnieper, Xavier, Dennis Stock: Franziskus. Der Mann aus Assisi. Reich, Hamburg 1981, 128 S., zahlr. Abb.

Schopenhauer, Arthur: Die Welt als Wille und Vorstellung. Piper, München 1911, 2 Bde., XXXIV, 731; XVI, 811 S. (Sämtliche Werke. Hrsg. von Paul Deussen, Bd. 1 und 2).

Schümmer, Johannes: Die altchristliche Fastenpraxis. Mit besonderer Berücksichtigung der Schriften Tertullians. Aschendorff, Münster 1933, X, 259 S.

Schürmann, Heinz: Geistliches Tun. Lizenzausgabe. Herder, Freiburg i. Br. 1965, 119 S.

Schürmann, Heinz: Worte an Mitbrüder. Über geistliche Tun. Johannes-Verlag, Einsiedeln 1983, 108 S. (Kriterien 65).

Schuon, Frithjof: Von der inneren Einheit der Religionen. Ansata, Interlaken 1981, 155 S.

Schuon, Frithjof: Das Ewige im Vergänglichen. Von der einen Wahrheit in den großen Religionen und alten Kulturen. Otto Wilhelm Barth / Scherz Verlag, Bern – München – Wien ²1984, 190 S.

Schweitzer, Albert: Die Weltanschauung der indischen Denker. Mystik und Ethik. Deutscher Taschenbuch Verlag, München 1982, XII, 218 S.

Schweitzer, Albert: Die Ehrfurcht vor dem Leben. Neuausgabe. Beck, München 1982, 170 S. (Beck'sche Schwarze Reihe 255).

Segesser, Friedrich von: Das Fasten als Heilmethode. Dresden ³1928, 40 S.

Seneca: Vom glückseligen Leben. Hrsg. von Heinrich Schmidt. Kröner, Leipzig o. J. (ca. 1932), XV, 192 S. (Kröners Taschenausgabe 5).

Simmel, Georg: Schopenhauer und Nietzsche. Ein Vortragszyklus. Duncker & Humblot, München – Leipzig ²1920, 263 S.

Simmel, Georg: Einleitung in die Moralwissenschaft. Eine Kritik der ethischen Grundbegriffe. Scientia, Aalen 1964, 2 Bde. (Unveränderter Nachdruck der Ausgabe Berlin 1892–1893).

Sloterdyk, Peter: Kritik der zynischen Vernunft. Suhrkamp, Frankfurt a. M. 1983, 2 Bde., insges. 954 S.

Smolitsch, Igor: Russisches Mönchtum. Entstehung, Entwicklung, Wesen: 988–1917. Augustinus-Verlag, Würzburg 1953, 559 S.

Solowjew, Wladimir: Die Rechtfertigung des Guten. Eine Moralphilosophie. Aus dem Russischen von Peter Roßbacher und Ludolf Müller. Wewel Verlag, München 1976, 884 S. (Deutsche Gesamtausgabe 5).

Spoerri, Theophil, Pierre Spoerri: Die Kunst, mit dem anderen zu leben. Herder, Freiburg i. Br. 1975, 144 S., bes. S. 114–122 (Die Umkehr – Franz von Assisi).

Steidle, Basilius (Hrsg.): Antonius Magnus Eremita: 356–1956. Studia ad antiquum monachismum spectantia. „Orbis Catholicus" – Herder, Roma 1956, VIII, 306 S. (Studia Anselmiana 38).

Stoddart, William: Das Sufitum. Geistige Lehre und mystischer Weg. Aurum, Freiburg i. Br. 1979, 109 S.

Stoddart, William: Das Sufitum. In: Wissende–Verschwiegene–Eingeweihte. Hinführung zur Esoterik. Hrsg. von Gerd-Klaus Kaltenbrunner. Herder, Freiburg i. Br. – München 1981, S. 72–85 (Herderbücherei INITIATIVE 42).

Strasser, Stephan: Jenseits des Bürgerlichen. Ethisch-politische Meditationen für diese Zeit. Alber, Freiburg i. Br. – München 1982, 252 S.

Strathmann, Hermann: Geschichte der frühchristlichen Askese bis zur Entstehung des Mönchstums im religionsgeschichtlichen Zusammenhange. Deichert, Leipzig 1914, XIII, 344 S.

Suzuki, Daisetz T.: Die große Befreiung. Einführung in den Zen-Buddhismus. Otto Wilhelm Barth / Scherz Verlag, Bern [7]1976, 190 S.

Teresa von Avila: „Ich bin ein Weib – und obendrein kein gutes". Ein Portrait der Heiligen in Texten. Hrsg. von Erika Lorenz. Herder, Freiburg i. Br. 1982, 144 S. (Texte zum Nachdenken).

Thils, Gustave: Christliche Heiligkeit. Handbuch der aszetischen Theologie für Ordensleute, Priester und Laien. Aus dem Französischen übersetzt von Elisabeth von Flotow und Hubert Neufeldt. Manz, München 1961, XXVI, 738 S.

Thode, Henry: Franz von Assisi und die Anfänge der Kunst der Renaissance in Italien. Wien 1934, 870 S., 140 Abb. (zuerst: Berlin 1904, XXVII, 643 S., 76 Tafelabb.).

Troeltsch, Ernst: Die Soziallehren der christlichen Kirchen und Gruppen. Mohr (Siebeck), Tübingen [3]1922, XVI, 994 S.

Truhlar, Carolus Vladimirus: Antinomiae vitae spiritualis. Universitas Gregoriana, Roma [3]1961, IV, 281 S. (Collectana spiritualia 4).

Viller, Marcel (Hrsg.): Dictionnaire de spiritualité ascétique et mystique, doctrine et histoire. Beauchesne, Paris 1937 ff. (bis 1984 zwölf Bände erschienen).

Viller, Marcel: Aszese und Mystik in der Väterzeit. Ein Abriß. Bearbeitet von Karl Rahner. Herder, Freiburg i. Br. 1939, XVI, 322 S.

Völker, Walter: Das Vollkommenheitsideal des Origenes. Mohr, Tübingen 1931, IV, 235 S.

Völker, Walter: Scala paradisi. Eine Studie zu Johannes Climacus und zugleich eine Vorstudie zu Symeon dem neuen Theologen. Steiner, Wiesbaden 1968, XIII, 327 S.

Völker, Walter: Praxis und Theoria bei Symeon, dem neuen Theologen. Ein Beitrag zur byzantinischen Mystik. Steiner, Wiesbaden 1974, XIV, 489 S.

Waldenfels, Hans: Faszination des Buddhismus. Zum christlich-buddhistischen Dialog. Grünewald, Mainz 1983, 194 S.

Weber, Leonhard M.: Mysterium magnum. Zur innerkirchlichen Diskussion um Ehe, Geschlecht und Jungfräulichkeit. Herder, Freiburg i. Br. 1964, 124 S. (Quaestiones disputatae 19).

Weber, Max: Wirtschaft und Gesellschaft. Grundriß einer verstehenden Soziologie. Studienausgabe. Hrsg. von Johannes Winckelmann. Kiepenheuer & Witsch, Köln – Berlin 1964, 2 Bde; Bd. 1: XVI, 1–656; Bd. 2: XVI, 657–1138 S.

Weber, Max: Die protestantische Ethik. Eine Aufsatzsammlung. Hrsg. von Johannes Winckelmann. Siebenstern, München – Hamburg 1965, 317 S.

Weber, Max: Die protestantische Ethik II. Kritiken und Antikritiken. Mit Beiträgen von Reinhard Bendix, Ernst Troeltsch u. a. Siebenstern, München – Hamburg 1968, 400 S.

Weizsäcker, Carl Friedrich von: Deutlichkeit. Beiträge zu politischen und religiösen Gegenwartsfragen. Hanser, München 1979, 184 S.

Wissende, Verschwiegene, Eingeweihte. Hinführung zur Esoterik. Hrsg. von Gerd-Klaus Kaltenbrunner. Herder, Freiburg i. Br. – München 1981, 192 S. (Herderbücherei INITIATIVE 42).

Wissowa, Georg: Religion und Kultus der Römer. Beck, München 1971, XII, 612 S. (Unveränderter Nachdruck der 2. Auflage München 1912).

Wyssdom, Diana C.: δός μοι παρθενίην αἰώνιον, ἄππα, φυλάσσειν. Jungfräulichkeit und Keuschheit in antiker Schau. Nonnotte, Yverdon 1967, 77 S., 7 Bildtaf.

Ziegler, Leopold: Der ewige Buddho. Ein Tempelschriftwerk in vier Unterweisungen. Otto Reichl, Darmstadt 1922, 434 S.

Zimmermann, Otto: Lehrbuch der Aszetik. Herder, Freiburg i. Br. 1929, XVI, 642 S.

Zimmermann, Otto: Lehrbuch der Aszetik. Bearbeitet von Carl Haggeney. Herder, Freiburg i. Br. 1933, XIV, 332 S.

Zöckler, Otto: Askese und Mönchtum. Heyder & Zimmer, Frankfurt a. M. 1897.

Notizen über die Autoren

Frank Armbruster, geboren 1943, war Parlamentarischer Assistent in Bonn, dann Hochschulplanungsreferent in Stuttgart. Seit 1973 Lehrer am Faust-Gymnasium in Staufen (Schwarzwald).
Veröffentlichungen: Politik in Deutschland (1981). – Beiträge in INITIATIVE 57 und 60.

Siegfried Rudolf Dunde, geboren 1953, studierte Theologie, Psychologie und Soziologie und schrieb eine Dissertation über den Neid. Arbeitete als Lehrer und Schulpsychologe sowie in der Erwachsenenbildung. Zur Zeit ist Dr. Dunde Referent im Bundespräsidialamt.
Veröffentlichungen: Katholisch und rebellisch (als Hrsg., Reinbek 1984), Auf dem Weg zum Ich. Schritte zur Selbstverwirklichung (Gütersloh 1984), Nütze deine Zeit! Kleine philosophische Lebenskunde (Gütersloh 1985).

Gertrud Fussenegger, geboren 1912 in Pilsen. Dr. phil., Prof. h. c., Kindheit und Jugend in Galizien, Böhmen, Vorarlberg und Tirol; später in München und wieder in Tirol, seit 1961 in Oberösterreich lebend. Ausgezeichnet mit dem Adalbert-Stifter-Preis, dem Johann-Peter-Hebel-Preis, dem Mozart-Preis u. a.
Veröffentlichungen: Das Haus der dunklen Krüge (Roman, 1951), Das verschüttete Antlitz (Roman, 1957), Zeit des Raben – Zeit der Taube (Roman, 1961), Die Pulvermühle (Roman, 1968), Widerstand gegen Wetterhähne (Lyrik, 1974), Eines langen Stromes Reise (Donaubuch, 1976), Spiegelbild mit Feuersäule (Autobiographie, 1979), Uns hebt die Welle. Liebe, Sex und Literatur (Essay, 1984).

HERBERT GRUHL, geboren 1921 in Sachsen, 1941–1946 Soldat (Kriegsgefangenschaft). Studierte zuerst an der Berliner Humboldt-Universität, dann an der Freien Universität Berlin Geschichte, Germanistik und Philosophie. Promotion zum Dr. phil. 1957. Ab 1961 Angestellter eines Unternehmens auf dem Gebiet der elektronischen Datenverarbeitung. Von 1954–1978 Mitglied der CDU, 1969 Mitglied des Deutschen Bundestages und Vorsitzender der Arbeitsgruppe für Umweltvorsorge der CDU/CSU-Bundestagsfraktion. Nach dem Austritt aus der CDU bis 1980 fraktionsloser Abgeordneter im Deutschen Bundestag. 1978 gründete er die „Grüne Aktion Zukunft". Als der Versuch eines Zusammengehens mit der Partei „Die Grünen" scheiterte, gründete er 1982 die „Ökologisch-Demokratische Partei" (ÖDP), deren Bundesvorsitzender er ist.
Veröffentlichungen: Ein Planet wird geplündert. Die Schreckensbilanz unserer Politik (1975, bisherige Gesamtauflage: 352 Tausend), Das irdische Gleichgewicht – Ökologie unseres Daseins (1982), Glücklich werden die sein ... Zeugnisse ökologischer Weltsicht aus vier Jahrtausenden (1984).

RICHARD HUBER, geboren 1919 in Freiburg i. Br. Dr. med., Gynäkologe. Jahrzehntelanger Leiter einer Privatklinik. Apl.Prof. an der Universität Freiburg und Mitglied des PEN-Clubs Liechtenstein.
Veröffentlichungen: Sexualität und Bewußtsein (Frankfurt a. M. 1971; überarbeitete Taschenbuch-Ausgabe bei dtv, München 1977), Das kindliche Un-Tier. Vom Affenjungen, das nicht mehr Tier werden wollte. Mit einem Vorwort von Prof. Bernhard Hassenstein (Selecta-Verlag, Planegg bei München 1983). – Zahlreiche Beiträge in medizinischen Fachzeitschriften, Sammelbänden und in der Herderbücherei INITIATIVE (Nr. 23, 36, 40, 46, 59).

GERD-KLAUS KALTENBRUNNER, geboren 1939 in Wien, seit 1962 in der Bundesrepublik lebend. Gründer und Herausgeber des Taschenbuch-Magazins Herderbücherei INITIATIVE, das seit 1974 erscheint.
Veröffentlichungen: Rekonstruktion des Konservatismus (Hrsg., 1972, ³1978), EUROPA. Seine geistigen Quellen in Porträts aus zwei Jahrtausenden (Verlag Glock & Lutz, Heroldsberg bei Nürnberg 1981–1985, drei Bände), Elite. Erziehung für den Ernstfall (Mut-Verlag, Asendorf 1984), Wege der Weltbewahrung. Sieben konservative Gedankengänge (Mut-Verlag, Asendorf 1985).
1985 wurde ihm die Willibald-Pirkheimer-Medaille sowie der Baltasar-Gracián-Preis für sein essayistisches Schaffen verliehen.

OSKAR KÖHLER, geboren 1909, ist Prof. für Universalgeschichte an der Universität Freiburg i. Br. Seine Publikationen behandeln vor allem die Kirchengeschichte des Mittelalters und des 19. Jahrhunderts. Besondere Aufmerksamkeit erregten seine Bücher „Bewußtseinsstörungen im Katholizismus" (²1973) und „Kleine Glaubensgeschichte. Christsein im Wandel der Weltzeit" (Herderbücherei Band 987, Freiburg i. Br. 1982).

ERIKA LORENZ, geboren 1923 in Hamburg, wo sie als Professorin der Hispanistik seit 1960 lehrt. Wissenschaftliche Veröffentlichungen zur spanischen, südamerikanischen und französischen Literatur vom Mittelalter bis zur Gegenwart, Übersetzungen von Werken spanischer Mystiker und Lyriker.
Veröffentlichungen: Francisco de Osuna: Versenkung (als Hrsg., Herderbücherei, Texte zum Nachdenken, Freiburg i. Br. 1982), Teresa von Avila: „Ich bin ein Weib – und obendrein kein gutes". Ein Porträt der Heiligen in ihren Texten (als Hrsg., Herderbücherei, Texte zum Nachdenken, Freiburg i. Br. 1982), Teresa von Avila: Licht und Schatten (Novalis Verlag, Schaffhausen 1982), Ramon Llull: Die Kunst, sich in Gott zu verlieben (als Hrsg., Herderbücherei, Texte zum Nachdenken, Freiburg i. Br. 1985), Der nahe Gott im Wort der spanischen Mystik (Herder Verlag, Freiburg i. Br. 1985). – Beiträge im Taschenbuch-Magazin INITIATIVE.

JOSEPH F. SCHMUCKER-VON KOCH, geboren 1951 in Regensburg. Dr. phil. (1977), habilitierte sich 1983 an der Universität Regensburg mit einer Arbeit über Romano Guardini, die 1985 als Buch im Verlag Matthias Grünewald, Mainz, unter dem Titel „Autonomie und Transzendenz – Untersuchungen zur Religionsphilosophie Romano Guardinis" erschienen ist. Mitglied des Engadiner Kollegiums, Privatdozent für Philosophie. – Beiträge in der Herderbücherei INITIATIVE.

FRANZ VONESSEN, geboren 1923 in Köln, ist Prof. der Philosophie an der Universität Freiburg i. Br. Studien vor allem im Spannungsfeld zwischen Antike und Gegenwart – mit der Kernthese: Nicht wir deuten den Mythos, sondern der Mythos deutet auf uns. Arbeitet zur Zeit an einem Buch mit dem Titel „Philosophiegeschichte als Verfallsgeschichte".
Veröffentlichungen: Die Herrschaft des Leviathan (Klett-Cotta, Stuttgart 1978), Was uns krank macht, ist auch heilsam (Haug Verlag, Heidelberg 1980).

Herderbücherei
INITIATIVE

Echo

Allein schon der Aufbau der INITIATIVE-Bändchen ist außergewöhnlich: Jede Nummer vereinigt etwa acht bis zehn Aufsätze verschiedener Autoren zum gleichen Thema, das jeweils vom Herausgeber Gerd-Klaus Kaltenbrunner in einem brillanten Exposé umrissen wird. Als Anhang findet sich in jedem Band eine Dokumentation mit zusätzlichen Informationen, eine breite Bibliographie sowie kurze Notizen zur Biographie der Mitarbeiter. Jedes INITIATIVE-Taschenbuch wird dadurch zu einer knappen, aber fundierten Einführung in die entsprechende Thematik.

Jedermann, der sich plötzlich mit der Aufgabe konfrontiert sieht, sich in einen neuen Fragenkomplex einzulesen, kann nur empfohlen werden, zunächst im INITIATIVE-Verzeichnis zu blättern, um zu sehen, ob nicht schon ein entsprechendes Taschenbuch erschienen ist. Und er wird entdecken, daß es kaum ein aktuelles Thema gibt, das nicht schon behandelt wurde. Ob man sich für Eigentumsfragen (Nr. 51) oder Beschäftigungsprobleme (Nr. 30) interessiert, ob die Thematik UNO (Nr. 42) oder Friedensbewegung (Nr. 13) heißt, ob man nach Literatur über die Massenmedien (Nr. 11), die Kunst des Lesens (Nr. 31 und 53) oder ganz allgemein menschliche Dinge wie Feste (Nr. 45) oder das Schenken (Nr. 52) sucht, fast immer findet sich ein entsprechendes INITIATIVE-Bändchen.

Obwohl alle Nummern des Taschenbuch-Magazins INITIATIVE brennende Probleme unserer Gegenwart behandeln, geraten sie nie auf die Ebene der Schlagwort-Argumentationen. Mit einer umsichtigen Auswahl der Autoren und der äußerst sorgfältigen Redaktion eines jeden Bandes sorgt der Herausgeber für ein außergewöhnlich hohes Niveau der Darstellung. Hier gerät die Diskussion von Gegenwartsfragen nie in die ausgefahrenen Geleise des verbalen Schlagabtausches; sie wird nicht flach, sondern geht in die Tiefe, zu den Wurzeln der Problematik. Verblüfft entdeckt man, wie jung die ersten INITIATIVE-Bändchen auch heute noch sind. Ebenso außergewöhnlich wie Aufbau und Themen ist die Erscheinungsart des Taschenbuch-Magazins: Jedes Bändchen, das jeweils in sich geschlossen einem Thema gewidmet ist, kann einzeln als Taschenbuch erworben werden. Gleichzeitig kann aber auch die INITIATIVE-Reihe als Ganzes abonniert werden, denn etwa alle Vierteljahre erscheint eine neue Nummer, so daß sich die Einzelbände allmählich zu einer umfassenden Enzyklopädie der wichtigsten Fragen unserer Zeit zusammenfügen. Mit jeder Nummer der INITIATIVE beweist Gerd-Klaus Kaltenbrunner – der zur Zeit wohl führende konservative Autor des deutschsprachigen Raumes – wie einfältig und hohl die Phrase, der Geist stehe links, geworden ist.

Schweizerische Akademiker- und Studentenzeitung, Zürich, November 1984

Vor zehn Jahren ist der erste Band dieser Reihe erschienen, inzwischen rühmt sich der Verlag Herder einer halben Million Bände. G.-K. Kaltenbrunner – in früheren Zeiten hätte man ihn als Universalgelehrten bezeichnet – hat keinen Respekt vor Fachgrenzen. Er versucht vielmehr immer wieder, das Ganze in den Blick zu bringen. Der gebürtige Wiener führt eine an der großen Tradition österreichischer Essayisten geschulte Feder.

Schrifttumsspiegel, Wien 1984

Im Rahmen der Reihe Herderbücherei INITIATIVE ist der bekannte Schriftsteller Gerd-Klaus Kaltenbrunner erneut mit einem aufsehenerregenden Band über das strittige Thema „Kapitalismus" an die Öffentlichkeit getreten: „Kapitalismus – Nutzen und Moral" (INITIATIVE 47). Der geborene Österreicher macht keinen Hehl aus seiner Absicht, mit seiner Reihe geistespolitisch verlorengegangenes Terrain zurückerobern und eine Wende im Denken der Mitteleuropäer bewirken zu wollen. In geistiger Kühnheit durchbricht er die stickig gewordene Intellektuellenluft der Bundesrepublik. Die schwungvolle Frische der Argumentation beeindruckt auch in der Einleitung zu dem Band über den „Kapitalismus". Der provozierende Begriff wird als „Feindvokabel" entlarvt. Die treffenderen Begriffe „freie Wirtschaft", „Marktwirtschaft", „demokratische Industriegesellschaft" werden, wie aufgezeigt wird, von den Gegnern gemieden, weil man mit ihnen nicht die gleiche Polemik entfachen kann wie mit dem Schlagwort „Kapitalismus". Marktwirtschaft darf nach Kaltenbrunner nicht verwechselt werden mit dem gnadenlosen „struggle for life" im Sinne eines brutalen Vulgärdarwinismus. Zur Untermauerung seiner farbig plastischen und lebendig forschen Einleitung gewinnt Kaltenbrunner bedeutende Persönlichkeiten aus Forschung und Publizistik: die Volkswirtschaftler Wolfram Engels und Egon Tuchtfeldt, den

Wirtschaftsjournalisten Arno Surminski, die Expertin für Weltwirtschaftsordnung Bettina Hürni (mittlerweile zur Leiterin des Presseamtes der EFTA aufgestiegen), die wegen ihres Individualismus umstrittene russische Emigrantin und Sozialphilosophin Ayn Rand und den frühverstorbenen Sozialethiker Wilhelm Weber. Selbst wenn man nicht jede These dieses Buches teilen kann, so fesselt der Band wegen der Schärfe und Klarheit seiner Argumentation und der Brillanz seiner Sprache. Er will den Zeitgenossen herausfordern und das Bewußtsein und Ethos der zukünftigen Lenker unserer Wirtschaft prägen. Denn sonst, so erinnert Kaltenbrunner, könnte sich die Prognose J. A. Schumpeters doch noch erfüllen, daß der Kapitalismus dereinst nicht am materiellen Elend und durch proletarischen Aufruhr zugrunde geht, sondern am Überdruß an seinen Erfolgen und an der aufreizenden Gehässigkeit der Intellektuellen.

Prof. Dr. Manfred Hermanns im „Jahrbuch für Jugendsozialarbeit",
Band 5 (1984)

Wir haben Anlaß, einen Mann zu beglückwünschen, der gegen den Strom schwimmt und noch keine Ermüdungserscheinungen zeigt. Gerd-Klaus Kaltenbrunner ist es zu danken, daß die in der Literatur der Bundesrepublik überwiegend nach links neigenden Autoren ein Gegengewicht bekommen haben. Selber schreibend und Aufträge verteilend, sorgt er dafür, daß die unter unseren Intellektuellen oft peinlich uniforme Denkweise angezweifelt, überprüft, relativiert wird. Er ist für sie ein ernst zu nehmender Gegner, denn sie können ihm eins nicht vorwerfen, was sonst ihr schlimmstes Verdikt ist: er sei reaktionär. Er ist vielmehr ein Konservativer, wie es in der deutschen Literatur, Philosophie und Kulturkritik leider nur wenige gibt: ein eigenständiger Denker, den es nicht interessiert, einen Klassenkampf zu führen, für den aber auch links nicht gleichbedeutend mit rotem Tuch ist.

Schwäbische Zeitung, 1. September 1984

Themenbereiche der INITIATIVE sind: Recht, Staat und Politik, Wirtschaft, Umwelt, Kultur und Geschichte, Philosophie und Religion, zeitlose Grundlagen unserer Existenz. Immer aber geht es um Diagnosen unserer Zeit und unseres Daseins in seinen vielfältigen Bezügen. Es fällt schwer, repräsentative Titel auszuwählen – jeder wäre hier zu nennen, denn jeder ist interessant: bietet Themen des Alltags, mit denen wir alle schon in irgendeiner Weise zu tun hatten, und verweist auf das Bleibende, das wir oft genug vergessen haben. Die Nummern der Reihe INITIATIVE verwirklichen ein

„schöpferisches Prinzip" – und nichts anderes ist der Kern einer Demokratie wie der unseren oder sollte jedenfalls in ihr Bedeutung haben.

Paneuropa-Forum, München, 1985, Nr. 1

„Wer vieles bringt, wird manchem etwas bringen." An dieses Goethe-Zitat aus dem „Faust" fühlt man sich erinnert, wenn man die Bände betrachtet, die bislang in der Taschenbuchreihe INITIATIVE erschienen sind. Die Fülle der Themen ist beeindruckend, reicht von klassischen politischen Problemen bis zu Fragen der Religion, Philosophie oder auch der Erziehung. Dabei wollen die Bände jedoch nicht zu den jeweils neuesten tagespolitischen Streitpunkten Stellung nehmen. Versucht wird vielmehr, ein Problem in seinen Grundzügen aufzuzeigen, in die Tiefe zu gehen. Der Leser, der die tägliche Flut von Nachrichten in unseren Medien ja oft nicht mehr bewältigen kann, bekommt so einen guten Überblick über Herausforderungen unserer Zeit. Wenn er etwa INITIATIVE 25 „Europa – Weltmacht oder Kolonie?" zur Hand nimmt, dann wird er auf eine Analyse des europäischen Selbstverständnisses zwischen den Supermächten treffen. Der aufmerksame Leser kann sich vor diesem Hintergrund dann eine fundierte Meinung zu aktuellen Meldungen wie Raketenstationierung oder Plänen einer europäischen Raumfahrt bilden. Band 26 mit dem Titel „Die Pillen-Pest: Selbstvergiftung aus Angst vor dem Schmerz?" untersucht die Frage, ob der Medikamenten-Boom nicht auch die Folge eines gestörten Verhältnisses zu Krankheit und Leiden sein könnte. Band 24 „Die Wiederkehr der Wölfe" nimmt den internationalen Terrorismus unter die Lupe und versucht, seine ideologischen Wurzeln aufzuspüren. Über 300 Autoren kamen in den letzten zehn Jahren in der INITIATIVE zu Wort: Wissenschaftler, Politiker, Schriftsteller und auch Generäle. Die gemeinsame Ausrichtung an der großen europäischen Überlieferung stellt das geistige Band zwischen dem Herausgeber und seinen vielen Autoren dar. Die INITIATIVE ist kein Stückwerk. Sie hat außerordentlichen Spürsinn für künftige Probleme bewiesen. Schon lange bevor von einer Partei der „Grünen" überhaupt die Rede war, nämlich im Januar 1976, erschien in der INITIATIVE beispielsweise als Band 10 „Überleben und Ethik. Die Notwendigkeit, bescheidener zu werden". Diese Nummer wandte sich nachdrücklich gegen eine Betrachtung der Erde als bloßes Rohstofflager und forderte eine Neubesinnung im Verhältnis von Mensch und Natur. Die Reihe INITIATIVE versucht Menschen anzusprechen, die es sich mit ihren Urteilen nicht leicht machen.

Bayerischer Rundfunk, München, 27. Februar 1985

Autoren der Herderbücherei INITIATIVE

Carl Amery
Hugo Andreae
Manuel Andújar
José Luis Aranguren
Frank Armbruster
Hans Jürgen Baden
Peter Badura
Raymond Aron
Franz Austeda
Francisco Ayala

Klaus Bambauer
Ludwig Bamberger
Pío Baroja
Günter Bartsch
Otto Basil
Ulrich Bauer
Gotthard de Beauclair
Kurt E. Becker
Werner Becker
Ulrich Johannes Beil
Peter L. Berger
Peter Berglar
Kurt Biedenkopf
Jörg Bernhard Bilke
Eugen Biser
Wilhelm Blasius
Hans Bolewski
Alfred Bosch
Hermann Boventer
Erna Brandenberger

Diethelm Brüggemann
Titus Burckhardt
Anton Burghardt
Erika Burkart

Aleksander Čaks
Jan Cattepoel
Thomas Chaimowicz
Erwin Chargaff
E. M. Cioran
Richard N. Graf von Coudenhove-Kalergi
Xavier Cuadrat

Alfons Dalma
Erich Dauenhauer
Chiara Davanzati
Friedrich Deich
Günther Deschner
Heinrich Dietz
François Dirksen
Ranganatha Ramachandra Diwakar
Hellmut Diwald
Volker Droste
Lew Druskin
Siegfried R. Dunde

Jeannie Ebner
Emil Egli
Irenäus Eibl-Eibesfeldt

Herbert Eisenreich
Gottfried Eisermann
Wolfram Engels
Ursula Erler
Edith Eucken-Erdsiek
Felix Ermacora
Ernst Wilhelm Eschmann

Hans Peter Fagagnini
Ernst Forsthoff
Julien Freund
Michael Freund
Friedrich Karl Fromme
Franz Furger
Gertrud Fussenegger

Arnold Gehlen
Ernst Gehmacher
Beat Gerber
Hildegard Gerlach
Eugen Gerstenmaier
Hans F. Geyer
Marianne Ghirelli
Antonio Ghirinelli
Roland Girtler
Ernst Gmachl
Wolfgang Goetzer
Gerhard Wolfgang Goldberg
Johannes Gross
Karl Gruber
Herbert Gruhl
Hans Grunsky
Joachim Günther
Bernd Guggenberger

Bertil Häggman
Walter Hamm
Bernhard Hanssler
Willy Haubrichs
Friedrich August von Hayek
Hans Heckel
Günther Heckelmann
Robert Hepp
Otto Heuschele
José Hierro

Irma Hildebrandt
Gunter Hildebrandt
Walter Hildebrandt
Andreas Hillgruber
Norbert Hinske
Willy Hochkeppel
Wilfried Höbel
Maja Höck
Gertrud Höhler
Herbert Hömig
Walter Hof
Harriet Hoffmann
Curt Hohoff
Klaus Hornung
Alphons Horten
Paul Hoyningen-Huene
Arturo del Hoyo
Richard Huber
Arthur Hübscher
Hill Renée Hügelmann
Bettina Hürni
Sigrid Hunke

Helmut Ibach
Joachim Illies
Hans F. Illy

Henning Jäde
Marie Jahoda
Dominik Jost
Bertrand de Jouvenel
Ernst Jünger

Erich A. Kägi
Gerd-Klaus Kaltenbrunner
Ulrich Karpen
Heinz Karst
Hannes Kaschkat
Hans Kasdorff
Robert Kaspar
Claus D. Kernig
Peter Graf Kielmannsegg
Otto Kimminich
Botho Kirsch
Ludwig Klages

Joachim H. Knoll
Adolf Köberle
Oskar Köhler
Friedrich Wilhelm Korff
Herbert Krejci
Martin Kriele
Horst Krüger
Erik von Kuehnelt-Leddihn
Emil Küng
Friedrich-Wilhelm Künneth
Arnold Künzli
Hans Küry
Helmut Kuhn

Michael Landmann
Salcia Landmann
Walter Laqueur
Hanna-Renate Laurien
Paul F. Lazarsfeld
Jürgen Leibbrand
Eugen Lemberg
Hans Lenk
Reimar Lenz
Norbert Leser
Theodor Leuenberger
Willi Linder
Astrid Lindgren
Oskar Lockowandt
Andreas Lommel
Erika Lorenz
Konrad Lorenz
Wolfgang Lorenz
Hermann Lübbe
Alois Lugger
Leopoldo de Luis

Hans Maier
Julián Marías
Kurt Marko
Kurt Marti
Günter Mascke
Wladimir Maximow
Dieter Meichsner
Inge Meidinger-Geise
Albert Menne

Johannes Messner
Christa Meves
Ferdinand O. Miksche
Erhard Mock
Armin Mohler
Hans Mohr
Klaus Motschmann
Daniel Patrick Moynihan
Wilhelm E. Mühlmann
Roland Müller
Ulrike Müller
Dietrich Murswiek
Ludwig Muth

Otakar Nahodil
Heinzgeorg Neumann
Thomas Nipperdey
Roland Nitsche
Paul Noack
Barbara Nordmeyer
Oswalt von Nostitz

Ilva Oehler
Tina Österreich
Heinz-Dietrich Ortlieb
Blas de Otero

Ludek Pachman
Anton Pelinka
Heinz Pentzlin
Jean-Paul Picaper
Margret Pietsch
Roland Pietsch
Bernd Posselt
Stefan T. Possony
Neil Postman
Friedrich Prinz
Widmar Puhl
René Putzeys

Paul Raabe
Albert Raffelt
Ayn Rand
István Ráth-Végh
Ludwig Reichhold

Adelbert Reif
Martin Rhonheimer
Daisy Rittershaus
Achim Röhrmann
Gerd Roellecke
Lutz Roemheld
Bernhard Rupprecht

Hans Sachsse
Pedro Salinas
Jean Rodolphe von Salis
Hans-Dietrich Sander
Hans Saner
Demosthenes Savramis
Herbert Schambeck
Oskar Schatz
Hanns Schaub
Susanne Schaup
Hans Schavernoch
Leo Schaya
Guido Scheiwiller
Helmut Schelsky
Bodo Scheurig
Willi Schickling
Manfred Schlapp
Hans-Jürgen Schmelzer
H. D. Schmidt
Günter Schmölders
Gerhard Schmolze
Joseph F. Schmucker-von Koch
Helmut Schoeck
Rudolf Schottlaender
Caspar von Schrenck-Notzing
Frithjof Schuon
Alexander Schwan
Leo Schwering
Hans-Erich Seuberlich
Georg Siebers
Abu Bakr Siradsch ad-Din
Robert Spaemann
Oskar Splett
Helen von Ssachno
Herbert Stachowiak
Erwin Stein

Karl Steinbuch
George Steiner
William Stoddart
Paul Stöcklein
Nikolaus Störtenbecker
Heinrich Strakosch
Wolfgang Strauss
Ute Ströbel
Carl Gustaf Ströhm
Wolfgang Struve
Arno Surminski
Gerhard Szczesny

Ilmar Tammelo
Gaston Thorn
Max Thürkauf
Max Thurn
Ernst Topitsch
Edgar Traugott
Heinz Trettner
Egon Tuchtfeldt

Karl-Dieter Ulke
Johannes Umminger
Friedrich Franz von Unruh
Thomas Urban

Reinhold Veit
Stefan Vida
Franz Vonessen
Ursula Voß

Eberhard Wagemann
Ulrich Wagner
Helmut Walther
Wilhelm Weber
Gerhard Wehr
Karol Wojtyła (Papst Johannes Paul II.)
Hans Walther Wolff
Artur Woll
Andreas Wünschmann
Berthold Wulf

Günter Zehm
Hans Zeisel
Rudolf Zihlmann

Herderbücherei
INITIATIVE

Herausgeber: Gerd-Klaus Kaltenbrunner

Kultur und Geschichte

Die Zukunft der Vergangenheit. Lebendige Geschichte – klagende Historiker.
Prominente Historiker bekennen sich zum Bildungs- und Lebenswert geschichtlicher Kenntnisse. Ein Plädoyer für historisches Bewußtsein! (Nr. 8, DM 8,90).

Adieu, ihr Städte! Die Sehnsucht nach einer wohnlicheren Welt.
Die Stadt als faszinierendes Ideal und als gefräßiger Moloch, als Ursprung der Zivilisation und als Vorstufe zur Barbarei. Landflucht – Stadtflucht im Wandel der Zeit. (Nr. 19, DM 9,90).

Der innere Zensor. Neue und alte Tabus in unserer Gesellschaft.
Es gilt als fein, gegen Vorurteile und Tabus zu kämpfen. Doch vielfach ist Aufklärung und Emanzipation die nicht durchschaute Grundlage neuer Zwänge. (Nr. 22, DM 10,90).

Unser Epigonen-Schicksal. Nichts Neues unter der Sonne?
Eine kritische Abrechnung mit der vorgeblichen Originalität moderner Kunst, Philosophie und Politik. (Nr. 35, DM 10,90).

Noch gibt es Dichter. Außenseiter im Literaturbetrieb.
Die Poesie ist nicht umzubringen! Das ist die provozierende These dieses Bandes, in dem namhafte Literaturkenner, Lyriker und Essayisten zu Wort kommen. (Nr. 31, DM 10,90).

Was ist reaktionär? Zur Dialektik von Fortschritt und Rückschritt.
Eine kühne Demontage des überlieferten Rechts-Links-Schemas! Gibt es reaktionäre Progressive und progressive Reaktionäre? (Nr. 14, DM 9,90).

Bilderflut und Bildverlust. Für eine Kultur des Schauens.
Das Bild als Kunstwerk, Signal, Plakat, Blickfang und Vision, als Lockung und Bedrohung. (Nr. 46, DM 11,90).

Rhythmen des Lebens. Das kosmische Gesetz von Polarität und Wiederkehr.
Als Lebewesen ist der Mensch unaufhebbar in kosmische Zusammenhänge eingebunden, denen er auch dann nicht entrinnt, wenn er sich zum souveränen Herrn der Natur aufspielt. (Nr. 52, DM 12,90).

Herderbücherei INITIATIVE

Herausgeber: Gerd-Klaus Kaltenbrunner

Sprache und Herrschaft. Die umfunktionierten Wörter.
Jeder politischen Umwälzung geht eine Revolution auf dem Gebiet der Sprache voraus. Neue Formeln, neue Benennungen, raffinierte Sinnverdrehungen bewirken oft mehr als offene Machtergreifungen. (Nr. 5, DM 8,90).

Was sagen die Propheten? Die Botschaft des Gottes und das Wissen der Prognostiker.
Angesichts einer neuen Welle von Heilslehren und Zukunftsvisionen ist es notwendig, die religiöse Urgestalt des Propheten neu zu entdecken. (Nr. 50, DM 11,90).

Antichristliche Konservative. Religionskritik von rechts.
Das längst fällige Buch über die außerchristliche Spielart des europäischen Konservatismus. Eine Auseinandersetzung mit Nietzsche, Sorel, Klages, d'Annunzio und der Frage, wie konservativ das Christentum überhaupt sein kann. (Nr. 49, DM 11,90).

Die Suche nach dem anderen Zustand. Die Wiederkehr der Mystik.
Mystik ist mehr als Weltflucht oder Feigheit vor der Wirklichkeit. Eine kenntnisreiche Hinführung zur „Neuen Innerlichkeit". (Nr. 15, DM 9,90).

Wissende, Verschwiegene, Eingeweihte. Hinführung zur Esoterik.
Hier wird nicht über Esoterik geschwätzt, sondern im anspruchsvollen Sinne des Wortes esoterisch gedacht und meditiert. Die Geheimlehren und mystischen Überlieferungen der Weltreligionen in neuer Sicht. (Nr. 42, DM 11,90).

Was aber schön ist ... Rechtfertigung des Ästhetischen.
Wider das banale Zweckmäßigkeitsdenken: eine Erinnerung an das Ästhetische als eine verdrängte Lebensmacht. (Nr. 55, DM 12,90).

Wehe den Machtlosen! Eine dringende Klärung.
Eine Rehabilitierung der Macht (nicht zu verwechseln mit Gewalt) als ein „Geburtsrecht des Menschen". Oft wird übersehen, daß die Alternative zur Macht (im rechtverstandenen Sinn) das Chaos ist. (Nr. 56, DM 12,90).

Sonderprospekte zur Verteilung
Interessenten, die die Zielsetzung der INITIATIVE durch Verteilung von Sonderprospekten in ihrem Bereich fördern möchten, erhalten die dafür benötigten Exemplare umgehend kostenlos beim Taschenbuchdienst im Verlag Herder, Postfach, D-7800 Freiburg.